아이들과 함께 놀고 싶은

어른들을 위한 놀이 교과서 ①

자연에서 놀는 아이

고무신, 구지원 글 | 정다운 그림

고래뱃속
GORAEBAETSOK

머리글

노는 것은 늘 새로움입니다. 같은 놀이라도 놀 때마다 다른 재미가 생겨납니다. 아이들은 반복되어 익숙해지면 또 다른 새로움을 찾습니다. 아이들이 놀면서 만들어 내는 새로운 세상은 얼마나 재미있고 신날까요?

아이들은 자연에서 왔습니다. 물은 서로 다른 소리를 내고, 불은 춤을 춥니다. 바람은 우리 마음을 둥실 띄우고, 흙은 시시각각 모양을 바꿉니다. 나무는 흔들리며 봐 달라 손짓하고 돌은 구르고 깎이고 흩어지며 아래로 향합니다. 아이들은 자연과 놀고 자연은 아이들과 어울립니다.

아이들이 갸웃하며 질문하고 자연의 법칙을 따를 수 있게 어른들은 도와야 합니다. 아이들과 함께 발맞춰 놀 곳을 넓히고, 놀이도구나 재료를 옮겨 주면 좋겠습니다. 열린 귀로 재잘거리는 이야기를 들어 주고, 그 이야기를 다른 사람들에게 전해 주는 큰 입도 필요합니다. 놀고 있는 아이의 움직임을 찬찬히 바라봐 주는 촉촉한 눈도 필요합니다.

놀이는 삶의 밑천입니다. 자기를 만나는 가장 빠른 길입니다. 몸 씀, 마음 씀, 생각 씀의 생존 도구입니다. 놀이는 하고 싶음이고, 살아 움직임입니다. 몰래 할 때 더 재미난….

이 책에 이름과 사진으로 등장하는 모든 아이들에게 고마움을 전합니다. 완주의 숟가락공동체 아이들, 울산의 ㅂㅈㅎ 형제, 광주의 준호영 형제, 제주의 다서예 자매, 역삼푸른솔도서관과 전국의 지역아동센터에서 만난 아이들 그리고 다 커 버린 고무신학교의 형님들. 고무신의 노는 장면을 실감 나게 잘 담아 준 장근범 작가님께 특별히 감사함을 전합니다.

고무신학교에서 고무신, 구지원

2020년 가을 하늘 높은 날

차례

바람 만지는 아이

고무신이 날리는 놀이 이야기

왜 바람으로 놀까? 8

아이들의 생생한 놀이

1 바람을 잡아요 10

2 바람길을 찾아요 12

3 바람과 마주 서요 14

4 바람을 만들어요 16

선생님이 도와주세요 18

구지원의 생각놀이와 질문 19

흙 옮기는 아이

고무신이 나르는 놀이 이야기

흙에서 노는 아이는 왜 시간 가는 줄 모를까? 22

아이들의 생생한 놀이

1 흙을 옮기며 놀아요 24

2 흙으로 만들며 놀아요 26

3 흙을 던지며 놀아요 30

4 흙에 풍덩 빠져서 놀아요 32

선생님이 도와주세요 34

구지원의 생각놀이와 질문 35

물 만난 아이

고무신이 퍼트리는 놀이 이야기

아이는 왜 물을 좋아할까? 38

아이들의 생생한 놀이

1 물에서 달리며 놀아요 40

2 물속에서 놀아요 42

3 물을 튀기면서 놀아요 44

4 물길을 만들면서 놀아요 46

5 물을 간질이며 놀아요 48

선생님이 도와주세요 50

구지원의 생각놀이와 질문 51

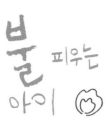

불 피우는 아이

고무신이 지피는 놀이 이야기
불 곁에 있는 아이는 얼마나 따뜻할까? 54

아이들의 생생한 놀이
1 불을 만들며 놀아요 56
2 불로 간식을 구워 먹으며 놀아요 59
3 빛으로 그림자를 만들어요 61
4 불을 뛰어넘으며 놀아요 62

선생님이 도와주세요 64
구지원의 생각놀이와 질문 65

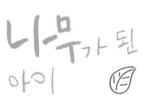

나무가 된 아이

고무신이 세우는 놀이 이야기
스스로 서는 나무는 외로울까? 68

아이들의 생생한 놀이
1 나무와 이야기하며 놀아요 70
2 나무를 타고 놀아요 72
3 춤추며 내려오는 낙엽과 놀아요 74
4 나뭇가지로 놀아요 76

선생님이 도와주세요 78
구지원의 생각놀이와 질문 79

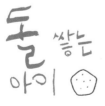

돌 쌓는 아이

고무신이 던지는 놀이 이야기
돌은 어디에서 왔을까? 82

아이들의 생생한 놀이
1 돌을 쌓으며 놀아요 84
2 돌을 던지고 놀아요 86
3 돌이 숨겨 놓은 것을 찾아요 88
4 돌에 마음을 담아요 90
5 돌로 모양을 만들며 놀아요 92

선생님이 도와주세요 94
구지원의 생각놀이와 질문 95

바람
만지는
아이

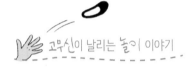

고무신이 날리는 놀이 이야기

왜 바람으로 놀까?

아이들은 바람을 가지고 놉니다. 바람을 만지고, 가두고, 마주 서고, 만들면서 바람과 친해집니다. 바람에 마음도 담아 보냅니다. 바람은 얼굴을 간질이기도 하고, 아이 손에 있는 흙을 멀리 날려 보내기도 합니다. 바람이 불어오면 몸은 시원해지고, 마음은 더 상쾌해집니다.

아이들은 그네를 타면서 바람이 됩니다. 그래서 놀이터에서 가장 인기 있는 놀이 기구가 그네입니다. 심심할 때, 하늘 높이 날고 싶을 때, 세상을 거꾸로 보고 싶을 때 그네를 탑니다. 그네를 타면 하늘에 가까워졌다 땅에 가까워졌다 합니다. 높이 올라가면 겁이 나기도 하고, 뱅글뱅글 어지러워지기도 합니다. 그네는 온몸을 바람이게 합니다.

아이들은 바람이 가득 든 공을 가지고 놀고, 풍선을 따라 달리고, 바람개비를 만들어 바람 앞에 마주 섭니다. 연을 띄워서 바람과 한 몸이 됩니다. 선풍기에서 나오

는 바람을 향해 소리를 내면, 선풍기는 재미있는 소리를 들려줍니다. 추운 날 밖에 나가서 노는 아이들은 몸이 가벼워지고 시원해져서 건강한 자기를 만납니다.

아이들은 바람을 닮았습니다. 시시각각 모양을 바꾸고, 뜨거운 바람이 되었다가 차가운 바람이 되기도 합니다. 기분을 좋게도 하고, 슬프게도 합니다. 아이들이 화나 있을 때는 몸이 더워집니다. 그때 시원한 바람 한 자락은 아이들의 기분을 상쾌하게 해 줍니다. 몸 안에도 바람이 있다는 것을 아시나요? 호하면 뜨거운 바람이, 후하면 시원한 바람이 나옵니다.

바람과 친해진다는 것은 아이들이 스스로 바람이 되는 것을 말합니다. 바람이 되면 어디든지 갈 수 있고, 무엇이든 만날 수 있습니다. 바람처럼 자유롭게 움직이고 신나게 소리 지르는 아이로 자랄 수 있게 도와주세요.

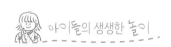

1 바람을 잡아요

놀이 1 | 비닐봉지에 바람을 불어 넣어 공중으로 날리기

"바람을 잡을 수 있을까?"

고무신이 묻습니다.

"바람을 잡는다고요? 바람을 어떻게 잡아요?"

아이들 눈이 동그래집니다.

고무신이 커다란 비닐봉지의 입을 벌리고 공중으로 붕 날려 가볍게 바람을 잡습니다. 이번에는 아이들 차례입니다. 아이들이 바람 잡는 일은 쉽지 않습니다. 건우는 비닐봉지를 들고 그냥 뛰어다녀도 바람이 잡힌다고 친구들에게 말해 줍니다. 바람을 잡은 아이들은 신이 났습니다. 놀이 1

네 살 예서는 혼자서 바람 잡기가 힘이 듭니다. 아빠와 봉지 손잡이를 나눠 잡고 잔디밭을 뛰어다닙니다. 뛰기만 하는데 바람이 잡히다니! 예서는 바람을 잡는 것보다 비닐봉지를 들고 뛰는 것이 더 재미있어 보입니다. 아빠랑 계속 뛰고 싶습니다. 놀이 2

비닐봉지를 꽁꽁 묶으니, 풍선처럼 빵빵해졌습니다. 민서가 손으로 톡톡 치며 제기보다 더 높이 날립니다. 재성이는 발로 뻥뻥 차서 나뭇가지 위에 올리겠다고 도전합니다. 서윤이는 땅을 박차고 올라 바람이 되었습니다. 놀이 3

놀이 2 | 아빠와 봉지 손잡이를 나눠 잡고 뛰기

놀이 3 | 비닐봉지의 끈을 꽁꽁 묶기

놀이 4 | 온몸으로 바람봉지 묘기 부리기

고무신이 팔꿈치로 툭툭 치니, 네 살 지율이가 엉덩이로 치겠다고 엉덩이를 쭈욱 내밀었습니다. 다원이가 어깨로도 할 수 있다고 말하자, 아이들이 몸 이곳저곳을 써 가며 묘기를 부립니다. 놀이 4

승원이가 바람봉지를 발로 차다가 신발이 날아갔습니다. 신발이 바람봉지보다 더 높이 날았습니다. 누가 누가 신발을 더 높이 더 멀리 날릴 수 있을까요? 신발 멀리 날리기로 놀이가 바뀌었습니다. 바람봉지로 놀고 싶은 아이들은 바람봉지로, 신발 날리기를 하고 싶은 아이들은 신발 날리기로 놀이를 합니다. 고무신은 '이렇게 해야 돼'가 없습니다. 아이들의 리듬과 아이들의 하고 싶음을 그대로 따라갑니다. 바람을 잘 읽어 내는 아이가 신발 날리기도 잘 합니다. 아이들은 자기가 만든 바람봉지를 혼자 가지고 놀다가 둘이서 주고받으며 놀고, 넷이서 순서를 정해 치면서 놉니다. 바람봉지 하나로 모두가 어우러집니다. 지나가던 아이가 물어봅니다. "나도 해도 돼?" 아이들은 어서 오라고 손짓합니다. 같이 노는 사람이 많으면 많을수록 새로운 이야기가 더 많이 생깁니다.

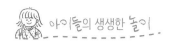

2 바람길을 찾아요

"아빠, 바람이 만져져요."

다원이가 말했습니다.

아빠가 자전거 페달을 더 열심히 밟습니다. 다원이가 뒷자리에 앉아서 손가락 사이로 바람을 만집니다. 손바닥의 각도를 조정할 때마다 손이 위아래로 올라갔다가 내려갔다가 합니다. 손날 방향을 바꿀 때마다 서로 다른 힘을 받습니다. 어떨 때는 위로 어떨 때는 아래로, 바람도 가는 길이 있습니다.

고무신이 종이컵으로 비행접시를 만들고 있습니다. 비행접시를 만들고 싶은 아이들이 종이컵 두 개를 들고 고무신 옆에 모여듭니다. 가위로 종이컵을 8등분 하여 날개를 만들고, 두 컵을 마주 보게 해서 날개끼리 붙이면 비행접시가 됩니다. 놀이 5 완성된 비행접시를 날립니다. 아이들도 바람이 가는 길을 향해 힘껏 날립니다. 여러

놀이 5 | 종이컵 비행접시 만들기

준비물 종이컵 2개, 가위, 테이프

만드는 법
1 종이컵 한 개를 8등분 하여 날개를 만든다.
2 다른 종이컵도 1번과 같게 날개를 만든다.
3 두 컵의 날개를 각각 펴서 마주 보게 한다.
4 테이프를 활용해 날개끼리 붙인다.

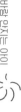

놀이 6 | 종이컵 비행접시, 봉지연 날리기

개의 비행접시가 바람을 타고 슈웅 날아갑니다. 바람을 마주하고 비행접시를 날리면 이상한 곳으로 날아갑니다.

비닐봉지 손잡이에 실을 묶고, 그 중심에 긴 줄을 연결하면 하늘을 나는 봉지연이 됩니다. 바람이 지나가는 곳에 봉지연을 두면 바람길을 발견할 수 있습니다. 처음 하늘에 연을 올리기 위해서는 직접 달려서 바람을 만들어야 합니다. 그래야 작은 바람이 큰 바람을 만날 수 있습니다. [놀이6]

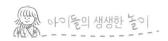

3 바람과 마주 서요

바람과 마주 선다는 것은 불어오는 바람을 온몸으로 느끼는 것입니다. 앞에서 불어오는 바람은 등 뒤에서 미는 바람과 느낌이 다릅니다. 불어오는 바람은 아이들을 간질입니다. 코로 들어가 꽃 냄새를 전해 주고, 귀로 들어가 새소리를 들려주고, 입으로 들어가 이상한 소리를 만듭니다.

바람이 보고 싶은 아이들이 바람개비를 만들었습니다. [놀이 7]

바람 한 점 없는 날, 바람개비를 들고 달리면 아이들은 바람이 됩니다. 바람이 세게 불어오면 바람개비를 들고만 있어도 팽팽 잘 돌아갑니다. 바람개비를 든 미리가 바람을 향해 달려갑니다. 가만히 서 있는 수민이 바람개비보다 천천히 돌아갑니다. 왜 그럴까요? 아이들은 스스로 답을 찾아냅니다. [놀이 8]

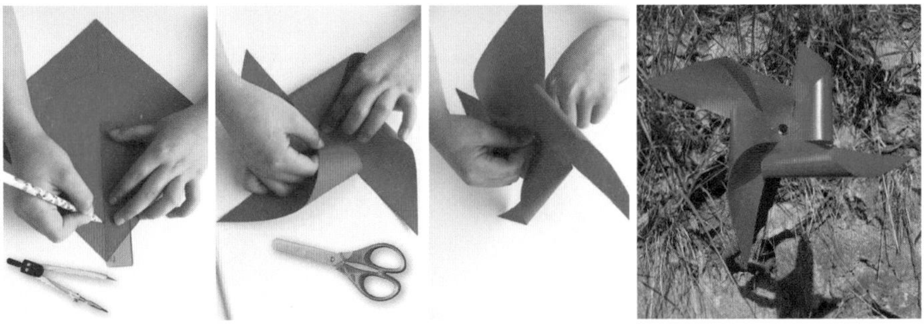

놀이 7 | **종이 바람개비 만들기**

준비물 종이, 컴퍼스, 가위, 나무 막대 또는 빨대, 고정 핀

만드는 법
1 먼저 정사각형 종이의 정중앙에 중심을 두고 컴퍼스를 활용해 동그라미를 그린다. 그러고 나서 꼭짓점에서 출발한 선이 동그라미 선과 만나기까지 연필 선을 만든다.
2 연필 선을 따라 4면을 똑같은 길이로 자른 후, 꼭짓점을 잡고 한 방향으로 차곡차곡 날개를 접는다.
3 모은 날개 중심에 고정 핀(실핀, 압정 등)을 꽂는다.
4 나무 막대 또는 빨대에 바람개비를 고정한다.

* 바람개비 뒷면에 딱딱한 것을 받쳐 주면 바람개비가 힘을 받아 더 잘 돌아가요.

놀이 8 | 불어오는 바람에 마주 서기

두 날 바람개비는 아주 오래된 물건입니다. 농사가 잘되라고 세우는 볏가릿대 끝에도 바람개비가 달려 있습니다. 브뤼헐 할아버지가 1560년에 그린 〈아이들의 놀이〉 그림에도 바람개비가 있고, 김홍도 할아버지가 그린 풍속화 〈길쌈〉에도 바람개비를 어깨에 걸치고 있는 아이가 있습니다. 둘레에 있는 물건으로 바람개비를 만들어서 맘껏 달려 봅니다. 달리다 보면 어느새 바람이 됩니다.

참고해요

브뤼헐, 〈아이들의 놀이〉 일부 확대, 1560

김홍도, 〈길쌈〉 일부 확대, 18세기

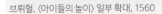

* 두 그림의 출처는 위키피디아Wikipedia입니다.

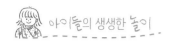

4 바람을 만들어요

"고무신, 나 더워. 바람이 되면 시원할까?"

"어떻게 바람이 돼?"

고무신이 묻습니다. 여섯 살 준호가 답을 보여 줍니다. 달리기 시작했습니다. 달리면 바람이 생겨 시원해진다고 합니다. 더 센 바람이 되기 위해 있는 힘껏 달립니다. 준호는 더위를 잊은 듯합니다. 숨이 차올라 달리기를 멈춘 준호가 말합니다.

"고무신, 멈추니까 더 더워."

옆에서 지켜보시던 준호 할머니가 말합니다.

"준호야, 몸이 뜨거울 때에는 가만히 있는 거야."

아이들은 여러 가지 방법으로 바람을 만듭니다. 실팽이는 바람의 힘을 빌려 사람

놀이 9 | **실팽이 만들기**

준비물 구멍 뚫린 둥근 나무조각, 빨대, 풀 먹인 실

만드는 법 1 빳빳하게 풀을 먹인 실의 한쪽을 찾아 첫 번째 빨대 사이로 통과시킨다.
2 나무조각의 구멍을 통과한 실을 나머지 빨대 사이로 통과시킨다.
3 두 번째 빨대를 통과한 실을 나무조각의 다른 쪽 구멍으로 통과시킨다.
4 실의 양쪽 끝을 맞추어 묶어 주고, 매듭을 빨대 속에 감춘다.
5 두 개의 빨대를 각각 양손으로 잡고 나무조각을 가운데 놓으면 실팽이가 완성된다.

놀이 10 | 실팽이 돌리기

들의 소원을 이루어 주는 놀잇감입니다. 실팽이는 물체의 무게중심에 맞춰 구멍을 두 개 뚫고 실을 끼워서 뱅글뱅글 돌린 다음 양손으로 당겼다 놓았다 하면 아주 빠르게 돌아갑니다. 놀이9 아이들이 실팽이에 소원을 적었습니다. 소원이 이루어지기를 바라면서 아이들은 실팽이를 돌립니다. 실팽이가 돌아가면 바람이 만들어집니다. 돌아가며 쌩쌩, 붕붕, 윙윙 바람 소리가 납니다.

실팽이를 가지고 노는 방법도 여러 가지가 있습니다. 양손으로 돌리기, 양발로 돌리기, 오른손과 오른발로 돌리기, 실팽이 두 개를 가지고 손에 하나 발에 하나 끼워서 돌리기, 오른손과 오른발에 하나 끼우고 왼손과 왼발에 하나 끼워서 동시에 두 개 돌리기 등. 둘이서 함께 실팽이를 돌릴 수도 있습니다. 둘이서 하나 돌리기, 둘이서 두 개 돌리기. 여러 명이 동그랗게 둘러서서 여러 개의 실팽이를 돌릴 수도 있습니다. 놀이10

아이들의 소원이 담긴 실팽이가 바람 소리를 내며 돌아갑니다. 세연이는 바람 소리를 더 크게 내고 싶다고 합니다. 고무신이 실팽이의 넓은 면에 테이프를 붙여 줍니다. 실팽이가 쌩쌩 큰 소리를 내며 돌아갑니다.

"고무신, 테이프를 붙이니 팔이 더 아파."

"팔이 더 아플수록 몸에 힘이 더 많이 생기는 거야."

테이프를 붙이면 큰 소리가 난다는 것을 고무신은 다섯 살 예준이에게 배웠습니다. 사실 예준이는 그림 그리는 것이 귀찮아 색깔 종이테이프를 실팽이에 붙여서 돌리고 놀았던 것입니다. 아이들의 흐름을 따라가고 아이들의 동작을 유심히 지켜보는 것은 중요한 일입니다.

✱ 바람으로 놀기 좋은 곳은 어디일까요? ✱

바람은 높은 곳에서 낮은 곳으로, 낮은 곳에서 높은 곳으로 움직이기를 좋아합니다. 불어오는 바람을 마주하기 위해서는 어떤 곳이 좋을까요? 바람을 만드는 놀이는 넓은 곳이 좋습니다. 운동장이나 체육관 등 사방이 탁 트인 곳이 좋아요. 골목길은 위험합니다. 갑자기 사람이나 차가 튀어나올 수 있으니까요.

✱ 예술 활동으로 연결해 주세요 ✱

1 풍선 가득 바람을 채웠다가 놓으면, 바람이 빠지면서 풍선이 이리저리 움직입니다. 풍선의 움직임을 자세히 관찰한 후 몸으로 따라 합니다. 각각의 풍선이 다르게 움직이기 때문에 아이들의 몸동작이 다 다릅니다. 여기에 음악이 더해지고 아이들 움직임의 높낮이를 달리하면 한 편의 춤극이 됩니다.

2 바람을 그립니다. 요리조리 움직이는 풍선 모습을 도화지에 그립니다. 아이들의 그림에서 바람은 선으로 움직일까요? 점으로 움직일까요? 면으로 움직일까요?

3 날아다니던 풍선이 떨어진 자리에 가만히 다가가 풍선에게 말을 겁니다. 풍선과 주고받은 대화가 시가 되고 이야기가 됩니다.

✱ 재료와 도구 준비는 어떻게 할까요? ✱

우리 주변에 있는 모든 것이 바람을 만질 수 있게 도와줍니다. 색종이, 꽃가루, 풍선, 종이, 실, 나뭇잎, 모래 등 모두 재료가 됩니다. 바람은 잘 찾으면 보입니다. 수도꼭지에, 간판 끝에, 엄마가 해 놓은 빨래에 바람이 있습니다. 우리 집 선풍기에서 나오는 바람은 아주 멀리서 온 바람입니다.

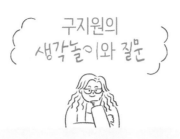

구지원의 생각놀이와 질문

바람은 어디에서 왔을까요?

오는 바람인지 가는 바람인지 어떻게 알 수 있나요?

가장 먼 길에서 온 바람의 이름은 뭘까요?

바람은 숨바꼭질을 어떻게 할까요? 바람이 좋아하는 놀이는 무엇일까요?

바람도 집이 있을까요? 바람도 더위를 느낄까요? 바람은 어디에 있나요?

바람의 모양은 몇 가지일까요? 바람도 발이 있을까요? 바람도 잠을 잘까요?

바람도 좋아하는 계절이 있을까요? 바람도 기억을 가지고 있을까요?

바람을 타고 어디까지 가고 싶나요?

바람의 힘으로 움직이는 것은 무엇이 있을까요?

바람이 빈 곳으로 들어가면 어떤 일이 일어날까요?

바람이 나와 부딪히면 어떤 새로운 길을 만들까요?

흙 옮기는
아이

사진_장근범

흙에서 노는 아이는 왜 시간 가는 줄 모를까?

네 살 재하는 친구들에게 흙에서 놀 때 신발을 벗으라고 말합니다. 신발을 신으면 흙의 촉촉함을 느낄 수 없대요. 재하는 흙에서 놀 때가 제일 행복하대요.

흙에서 노는 아이들은 시간 가는 줄 모릅니다. 아이들 움직임에 따라 흙 모양이 계속 바뀌기 때문입니다. 아이들의 생각은 손끝에 나타납니다. 흙으로 이것저것 만들다 보면 흙에 흠뻑 빠져듭니다. 흙은 아이들의 지난 시간을 간직합니다. 아이들은 흙을 파고 뚫고 쌓고 막고 날리며 맘껏 놉니다. 흙은 아이들의 하고 싶음을 다 들어줍니다. 흙에서 놀면 몸이 촉촉해지고 마음은 말랑해집니다. 아이들은 점점 흙을 닮아갑니다. 흙은 뭐든지 다 받아 줍니다. 아이들도 흙처럼 생명을 잘 자랄 수 있게 돕는 어른으로 자라기를 빕니다.

아이들은 흙에 마음을 담는 능력이 있습니다. 부처님의 일상을 담은 〈팔상도〉라는 그림이 있습니다. 일곱 번째 그림에는 부처님이 깨달음을 얻고 세상에 그 비밀을 전하러 다닐 때의 일이 그려져 있습니다. 어른들은 곡식과 귀한 물건을 부처님께 드

렸습니다. 하지만 아이들은 드릴 것이 없었습니다. 흙으로 집을 짓고, 창고를 짓고, 그릇도 만들며 소꿉놀이를 하던 아이들은 양손 가득 흙을 퍼서 부처님께 드립니다. 한 아이가 엎드려 등을 대고, 한 아이는 그 등을 밟고 올라가 부처님께 선물합니다. '부처님 쌀 받으세요.' 아이들에게 이 흙은 진짜 쌀이었습니다. 이 흙은 한 톨도 남김 없이 부처님의 낡은 방을 수리하는 데 쓰였습니다. 아이들의 마음이 흙을 쌀로 바꾸었고, 부처님은 아이들의 마음을 알아챘습니다. 그리고 축복해 주었습니다. 흙이 있어야 쌀도 있고, 집도 있음을 아이들에게서 배웁니다.

흙을 마음껏 가지고 놀 수 있는 놀이터와 운동장이 많이 줄어들었습니다. 일부러 흙을 찾아가야 합니다. 산에 흙이 있습니다. 논에도 있고요. 시골 할머니 밭에도 흙은 있습니다. 흙에서 놀면 흙처럼 부드러워집니다. 부드러워지면 울퉁불퉁한 길도 잘 갈 수 있습니다. 흙에서 놀았던 시간을 몸이 기억합니다. 그 기억은 어른이 되어서도 꼭 필요합니다.

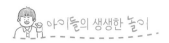

1 흙을 옮기며 놀아요

흙을 가지고 노는 아이들은 몰입하는 힘이 큽니다. 다섯 살 마루가 양손 가득 흙을 담아 한 발, 두 발, 세 발. 조심스럽게 걸음을 옮깁니다. 이곳에서 저곳으로 흙을 옮기는 중입니다. 놀이 1

"마루야, 뭐 해?"

"산 만들어."

"얼마나 높은 산인데?"

"내 키보다 높은 산."

"도와줘도 돼?"

아이들이 오가는 횟수가 거듭될수록 흙이 쌓여 갑니다. 아이들 손가락 사이로 흙이 빠져나와 바닥에 떨어집니다. 저절로 길이 만들어졌습니다. 수정이는 손으로

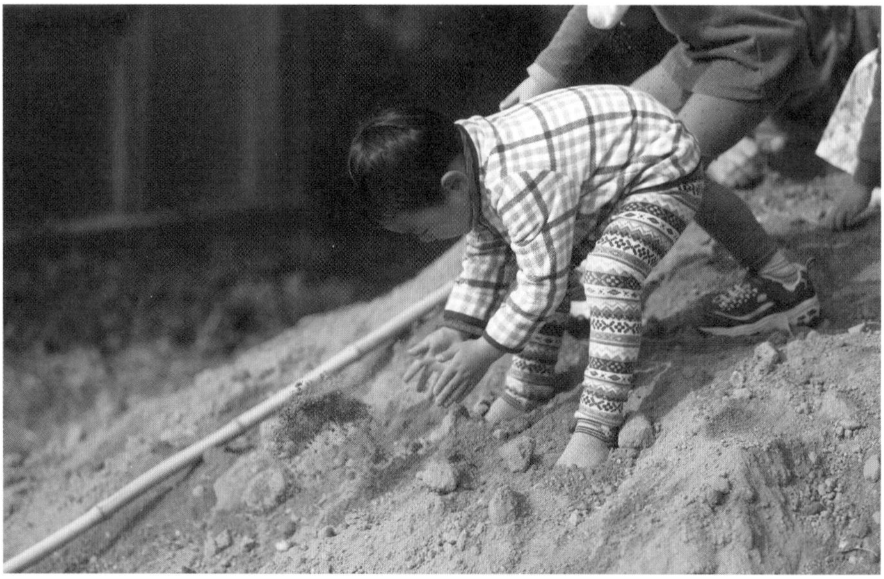

놀이 1 | 손으로 흙 옮기기

놀이 2 | 도구를 이용해 흙 옮기기

흙을 옮기는 것이 힘이 듭니다. 엄마에게 그릇 하나를 얻어 왔습니다. 그릇에 흙을 담아 옮깁니다. 네 살 수호가 누나 것보다 더 큰 그릇에 흙을 꼭꼭 눌러 담았습니다. 담기는 담았는데, 끙끙거리기만 할 뿐 옮기지를 못합니다. 하는 수 없이 국자로 흙을 나릅니다. 윤상이는 어른들이 쓰는 큰 삽을 가지고 와서 흙을 옮깁니다. 마음만 먹으면 못 할 게 없습니다. 마루는 친구들과 함께 자기 키보다 높은 산을 만들었습니다. 놀이 2

흙을 옆으로 옮기는 것도 재미있지만, 안에 있는 흙을 밖으로 옮기는 것도 재미있습니다. 아래로 아래로 파 들어가다 보면 신기한 물건을 발견할 때가 있습니다. 돌멩이도 있고 지푸라기도 있고 나무토막도 발견하게 됩니다. 흙은 신기한 것을 많이 숨겨 놓았습니다.

흙을 파 내려갈 때에는 도구가 필요합니다. 겉흙은 손으로 쉽게 팔 수 있지만 아래로 내려갈수록 파기가 힘듭니다. 아랫부분의 흙은 단단하게 눌려 있기 때문입니다. 이럴 때는 딱딱한 나무 꼬챙이나 숟가락이 필요합니다. 단단한 흙을 딱딱한 도구로 푹푹 찔러 부드럽게 한 후에 손으로 퍼내면 됩니다. 재아는 할머니가 쓰던 호미로 흙을 보슬보슬하게 만듭니다. 깊이깊이 파고 싶으면 처음에 넓게 넓게 파야 합니다. 놀이3

놀이 3 | 흙 파기, 안에 있는 흙을 밖으로 옮기기

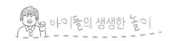

2 흙으로 만들며 놀아요

운동장에 황토 동산이 만들어졌습니다. 아이들이 황토 동산에 오르다 미끄러집니다. 아이들이 발을 뗄 때마다 흙도 흘러내립니다. 꼭대기에 오른 아이들이 고무신을 황토 동산 아래로 굴립니다. 고무신이 데굴데굴 굴러갑니다. 아이들도 따라 구릅니다. 밑에 있던 민준이가 고무신이 굴러 내려오는 것을 보고 슝 날아올라 고무신을 넘습니다. 알록달록하던 아이들의 옷이 황토로 물들어 얼룩덜룩해졌습니다. 아이들이 흙이랑 하나가 되었습니다. 놀이 4

하늘색 드레스를 입은 유림이는 좀처럼 흙을 만지지 않습니다. 그네에 앉아 흙에서 노는 아이들을 바라보기만 합니다. 고무신이 아이들과 놀다가 유림이에게 다가갔습니다.

놀이 4 | 황토 동산에서 구르기

"유림아, 같이 놀자."

"안 돼, 고무신."

"알았어."

고무신은 아이들과 놀다가 또 유림이에게 갔습니다.

"유림아, 같이 놀자."

"싫어. 옷 버린단 말이야."

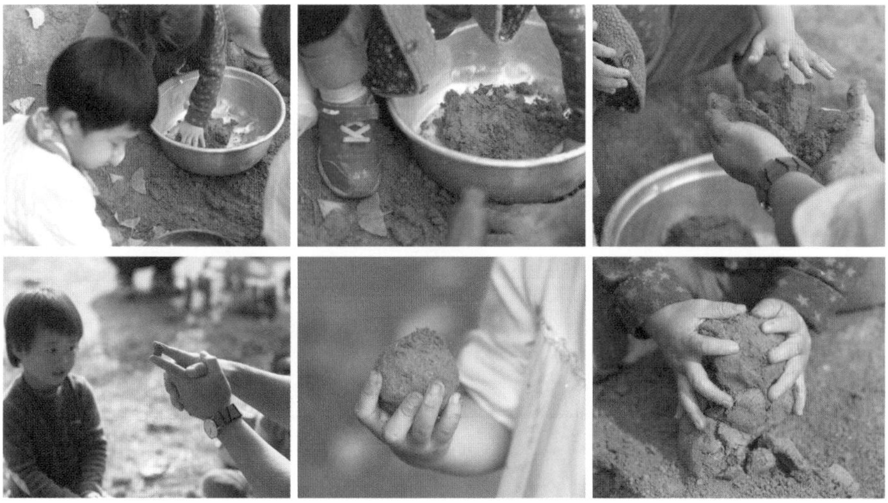

놀이 5 | 황토로 여러 가지 모양 만들기

준비물 황토, 냄비, 물

만드는 법 1 냄비에 황토를 담는다.

2 황토에 물을 적당히 섞는다.

3 손으로 황토를 반죽한다.

4 사각 모양, 공 모양, 집 모양 등 만들고 싶은 모양으로 다양하게 빚는다.

유림이는 흙에서 놀고 싶지만, 예쁜 엘사 드레스를 더럽히고 싶지 않습니다. 고무신은 아이들과 놀다가 또 유림이에게 갑니다. 고무신이 아무 말 없이 흙 묻은 손을 내밀었습니다. 그런데 유림이가 고무신 손을 잡았습니다. 유림이 손에 황토가 묻었습니다. 유림이는 고무신이 준 황토 덩어리로 만들기를 합니다. 반듯반듯 사각형, 동글동글 공 모양, 뾰족뾰족 집 모양을 만들더니, 쌓기 시작합니다. 쌓고, 쌓고 또 쌓습니다. 몇 층까지 쌓을지 궁금합니다. 이제 유림이가 신발을 벗고 놉니다. 하늘색 엘사 드레스가 붉은 황토로 물들었습니다. 황토를 조물조물 가지고 놀다 보면 손이 붉게 물들고, 옷은 얼룩덜룩해지고, 얼굴은 고양이로 변신합니다. 놀이 5

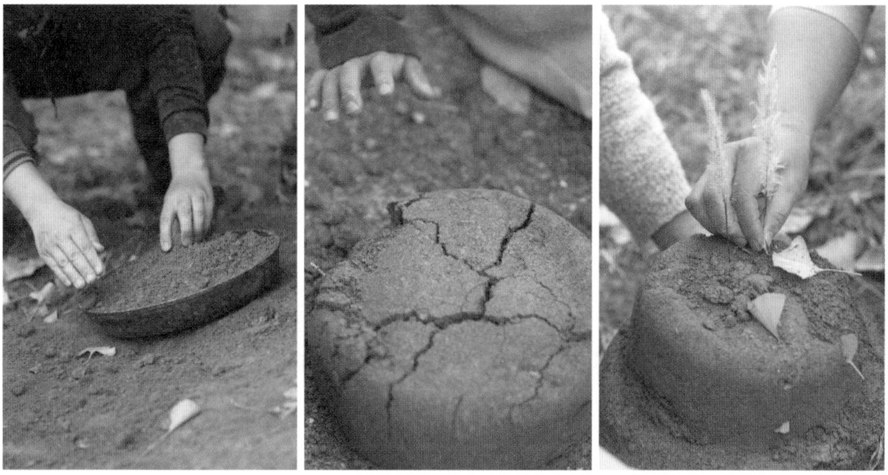

놀이 6 | **흙 케이크 만들기**
준비물 흙, 냄비, 물, 나뭇잎, 갈대
만드는 법 1 냄비에 흙을 담는다.
2 냄비를 뒤집는다.
3 나뭇잎, 갈대로 흙 케이크를 멋지게 장식한다.

냄비를 가져와서 흙을 담습니다. 물을 조금 넣은 후 작은 발로 흙을 다집니다. 재하는 냄비를 뒤집어 톡톡 두드린 후 냄비를 들어냅니다. 냄비로 흙 케이크를 만들었습니다. 하승이가 나뭇잎으로 케이크를 꾸며 줍니다. 하람이가 갈대를 가져와 꽂고 촛불이라고 합니다. 아이들이 흙 케이크 앞에 둘러앉았습니다. 생일 축하 노래를 부르고, 후하고 갈대 촛불을 껐습니다. 놀이6

아이들은 흙으로 원하는 모든 것을 만듭니다. 손으로 조물조물 다양한 물건을 만들고, 그릇을 사용해서 재미있는 모양을 찍어 내기도 합니다. 많이 찍어서 모으고 말리면 또 다른 새로운 것을 만들 수 있습니다. 흙이 마르면서 갈라지는 것을 막기 위해서 풀이나 나뭇잎을 넣기도 합니다.

참고해요

흙으로 만들기를 할 때는 황토가 좋습니다. 황토는 해와 바람을 만나 가볍고 고와집니다. 물을 만나면 말랑말랑해집니다. 물이 많으면 질어서 잘 뭉쳐지지 않고, 물이 적으면 단단해서 만들기가 힘듭니다. 엄마가 송편 반죽을 할 때처럼, 흙에 물을 조금씩 조금씩 더해 가면서 반죽합니다. 물이 너무 많으면 흙을 더 넣으면 됩니다.

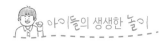

3 흙을 던지며 놀아요

아이들은 황토에 물을 조금 보태 동글동글 흙 구슬을 만듭니다. 조금 멀리 떨어진 곳에 종이 과녁도 만들었습니다. 아이들이 돌아가면서 흙 구슬을 던져 과녁을 맞힙니다. 슝 날아가 철썩 붙으면 신이 나서 소리를 지릅니다. 친구들과 함께 던지고 놀다 보니 과녁에 그림이 그려져 있습니다. 공작새가 패랭이꽃으로 변하고, 물고기는 공룡이 되어 날아갑니다. 아이들이 흙 구슬을 던질 때마다 그림이 달라집니다. 시시각각 바뀌는 구름처럼 자꾸 그림이 달라집니다. 놀이 7

놀이 7 | **흙 구슬로 과녁 맞히기**

준비물 흙, 물, 과녁판

만드는 법 1 흙 구슬을 만든다.

2 과녁판을 향해 흙 구슬을 던진다.

* 친구들과 함께 흙 구슬을 던지며 그림 그리기 놀이도 해 보아요.

놀이 8 | 지붕에 흙 공 던지기

아이들은 흙 구슬을 뭉쳐 큰 공을 만들었습니다. 모래 놀이터 함석지붕에 흙 공을 던집니다. 유빈이 공은 던지는 순간 흩어지고, 윤후 공은 슝 날아가 함석지붕에서 꽝 소리를 낸 후 사라졌습니다. 경찬이 공은 함석지붕에서 쿵 소리를 내고 나서 또르르 굴러떨어집니다. 준호는 공을 너무 크게 만들어서 던지지 못하고 낑낑거리고 있다가 그냥 들고 갑니다. 밤새 만져서 흙 공이 반질반질해졌습니다. 놀이 8

아이들은 흙을 점점 더 크게 만들어 굴려도 보고, 흙을 작게 만들어 손가락으로 튕겨도 봅니다. 구슬치기하며 누구의 흙 구슬이 더 단단한지 시합합니다.

"흙 구슬에 씨앗을 심어서 마을 곳곳에 두면, 봄에 어떤 일이 벌어질까요? 새싹이 나올까요?"

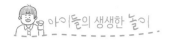

4 흙에 풍덩 빠져서 놀아요

구덩이를 파다 보면 발이 쏙 들어갑니다. 더 깊이 파면 무릎까지 들어가고요. 흙을 넓게 파면 온몸이 다 들어갑니다. 흙을 파서 무릎까지 덮으면 나무가 되어 내 몸에 열매가 맺힐 것 같습니다. 연아와 하민이와 재하가 흙을 이불처럼 덮고 서로의 얼굴을 바라보며 깔깔 웃습니다. 누워서 온몸에 흙을 덮으면 아주 편안합니다. 이번에는 아이들이 힘을 합쳐 파낸 구덩이에 초록 이모가 들어갔습니다. 아이들이 구덩이를 메우고 흙을 두드립니다. 초록 이모가 갇혔습니다. 재하와 하승이는 초록 이모를 빼내려고 무 뽑듯 팔을 잡아당깁니다. 놀이 9

놀이 9 | 흙구덩이에서 구출하기

놀이 10 | 두꺼비 집짓기

아이들이 흙 동굴을 만듭니다. 처음부터 크게 만들 수는 없습니다. 두꺼비 집짓기를 하면서 단단하게 동굴 만드는 것을 배웁니다. 주먹 쥔 손을 흙 위에 올려놓고 한 손으로 흙을 모아서 주먹 쥔 손을 덮습니다. 그런 다음 토닥토닥 두들겨 줍니다. 두드릴 때 노래를 부르면 더 재미있습니다. 주리가 두껍아! 두껍아! 노래를 부릅니다. 아이들 모두 주리를 따라 노래합니다. 박자에 맞춰 흙을 두드립니다. 박자에 따라 흙이 더 단단해집니다. 흙에서 손을 살며시 빼냅니다. 드디어 동굴이 완성되었습니다. 놀이 10

놀이 11 | **흙 동굴 만들기**
준비물 흙, 흙을 팔 수 있는 도구들(국자, 큰 삽, 호미 등)
만드는 법 1 흙더미에서 마음에 드는 곳을 찾는다.
2 국자, 그릇을 활용해 굴을 판다.
3 만든 굴에 들어가 본다.
4 다른 도구를 활용해 터널도 만들어 본다.

더 큰 흙 동굴을 만들기로 합니다. 양쪽에서 흙을 조금씩 파내어 구멍이 서로 연결되면 터널이 됩니다. 무너지면 위험하니 민준이가 제일 먼저 시범을 보이겠다고 합니다. 민준이가 무사히 터널을 통과했습니다. 용감한 민준이를 엄마가 대견해하며 쳐다봅니다. 아이들이 두더지처럼, 탐험가처럼, 미꾸라지처럼 차례로 터널을 쏙쏙 빠져나옵니다. 흙 터널을 통과할 때에는 어른이 꼭 곁에 있어야 합니다. 터널이 무너지면 아이들을 구해줘야 하니까요. 놀이 11

선생님이 도와주세요

✱ 서로의 얼굴에 흙을 뿌리지 않게 해 주세요 ✱

흙을 던지거나 뿌릴 때는 바람을 등지고 사람이 없는 곳을 향해야 합니다. 눈이나 입에 들어가면 엉엉 울 수도 있어요.

✱ 옷과 손이 더러워져도 괜찮다고 말해 주세요 ✱

손과 발이 더러워지는 것은 아픈 것이 아니라 건강해지는 것이라 말해 주세요. 흙을 만지기 싫어하는 친구에게는 비닐장갑을 사용해도 된다고 말해 주세요. 필요하면 앞치마와 장화도 준비해 주시고요. 낯설고 이상한 물건과 처음부터 친해질 수는 없으니까요.

✱ 예술 활동으로 연결해 주세요 ✱

1 도화지 위에 딱풀로 그림을 그립니다. 그리고 그 위에 흙을 뿌린 후 도화지를 세워서 탁탁 털면, 딱풀이 지나간 자리에만 흙이 남습니다. 도화지를 사방으로 돌려 보며 남아 있는 흙을 자세히 봅니다. 그때, 떠오르는 모습을 연상하여 색연필로 이어 그리면 아주 재미있는 그림이 됩니다.

2 황토로 물든 손과 발로 손 도장, 발 도장을 찍으며 놀 수 있습니다. 벽에 붙여 벽화를 만들 수도 있고, 바닥에 놓고 길을 만들 수도 있어요. 아이들은 어느 손이, 어느 발이 자기의 것인지 찾을 수 있을까요? 하얀 손수건에 손 도장과 발 도장을 찍어 액자를 만들 수도 있습니다.

3 아이들이 흙 위에 그림을 그리거나 글을 썼습니다. 흙 위에 그려진 그림을 바람이 지우고 비가 지웁니다. 이 그림이 사라지지 않게 하는 방법이 있을까요? 아이들에게 물어봐 주세요.

✱ 흙을 준비해 주세요 ✱

주변에 흙이 없다면 유치원이나 어린이집에서 가장 넓은 곳에 흙을 모아 놀면 됩니다. 바닥에 비닐을 깔고 그 위에 신문을 여러 겹 놓고 흙을 쌓습니다. 흙이 밖으로 나가지 않도록 울타리도 만들어 주세요.

구지원의 생각놀이와 질문

흙은 우주의 비밀을 어떻게 간직할까요? 흙도 감정이 있을까요?

흙은 언제 차가워지고 언제 뜨거워질까요?

흙은 땅속에 사는 지렁이와 어떤 이야기를 나눌까요?

흙이 발자국을 만드는 걸까요? 사람이 발자국을 만드는 걸까요?

두더지, 빗방울, 나무뿌리, 풀뿌리… 흙 속에 길을 내는 건 또 무엇일까요?

흙도 아플 때가 있을까요? 흙도 눈이 있을까요? 흙도 이사를 할까요?

흙의 나이는 몇 살일까요? 붉은 흙, 검은 흙, 노란 흙… 흙 색깔은 왜 다를까요?

흙 속에 집 짓고 사는 땅콩에게 흙은 무엇을 받을까요?

흙의 날은 언제일까요? 흙으로 떡을 만들 수 있을까요?

흙은 하루에 몇 번이나 숨을 쉴까요?

날아가는 흙을 보았나요? 흙은 날개를 어디에 숨겨 두었을까요?

봄에 쑥이 쑤욱 나오면 흙은 얼마나 간지러울까요?

흙이 받아 준 물은 어디로 갈까요?

물 만난 아이

고무신이 퍼트리는 놀이 이야기

아이는 왜 물을 좋아할까?

'퐁당 풍덩 찰방 첨벙 찰싹 철퍼덕 통통통 철썩'

아이들과 물이 만나면 나는 소리입니다. 물을 만나면 아이들은 물속으로 거침없이 들어갑니다. 발로 물을 만나고 손으로 물을 만나고 돌멩이로, 나뭇가지로 물을 만나더니 이내 온몸을 물속에 던집니다. 수영장의 넓고 깊은 물, 계곡의 차가운 물, 모래톱 펼쳐진 강가의 미지근한 물, 웅덩이에 고인 물, 세수하기 위해 받아 놓은 물, 샤워 꼭지에서 떨어지는 물, 하늘에서 내려오는 물, 바닥 분수에서 솟는 물, 짭짤한 바닷물까지 아이들은 물을 참 좋아합니다. 원래 물고기였나 봐요.

물 만난 아이들은 가벼워집니다. 몸도 마음도 다 가벼워집니다. 가벼워지면 박차고 날아갈 수 있습니다. 새가 하늘을 날듯 아이들은 물속에서 날아다닙니다. 물을 날아다닐 수 있음은 우리가 온 곳에 대한 몸의 기억 때문인 것 같습니다. 엄마 배 속을 헤엄쳐 다니던 기억이 아직 생생하기 때문이겠지요. 그리고 몸 안에 가득한 물이 또 다른 물을 만나길 원함이기도 하겠지요.

물 만난 아이들은 물에 빠져서 놀고, 물을 가지고 놀고, 물을 간질이며 놉니다. 물은 자유롭습니다. 부드럽게 흘러가고, 바람에 흩날리고, 웅덩이에 고이고, 더워지면

증발하고, 추우면 굳어져서 가만히 웅크립니다. 물은 얼더라도 윗부분부터 얼기 때문에 생명을 살립니다. 만약 아래에서부터 얼었다면, 물속 생물들이 모두 꽁꽁 얼어 우리가 만날 수 없었을 거예요.

넓은 모래톱에서 아이들이 물총을 만들어 놀고 있습니다. 자기 팔 길이만큼의 큰 대나무 물총에 물을 가득 담고 손잡이를 힘껏 밀어냈습니다. 하늘 높이 물이 뿜어져 나가며 무지개가 만들어집니다. 아이들이 환하게 웃습니다. 아이들이 물을 무지개로 변신시키는 마법사가 되었습니다. 물은 아이들이 원하는 것과 바라는 것을 대신해 줍니다. 물이 온 땅을 적시고 흘러서 세상을 푸르게 하듯, 아이들의 푸른 기운이 세상을 힘차게 만들어 줍니다. 아이들이 있어 세상이 움직입니다. 작고 여린 아이들 덕분에 지구는 지금도 돌아갑니다.

뿜어져 나오고 솟아오르고 흘러가고 고이고. 아이들은 물에게 자기 몸과 마음을 다 내놓습니다. 아이들이 물에게 말을 겁니다.

"나랑 같이 놀래?"

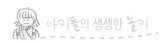

1 물에서 달리며 놀아요

모래톱이 펼쳐진 넓은 강가에서 첨벙거리며 놀던 아이들이 고무신에게 더 재미있는 놀거리를 내놓으라고 합니다. 고무신이 웃습니다.

"우리 물속에서 이어달리기할까?"

놀이 1 | 물속에서 이어달리기

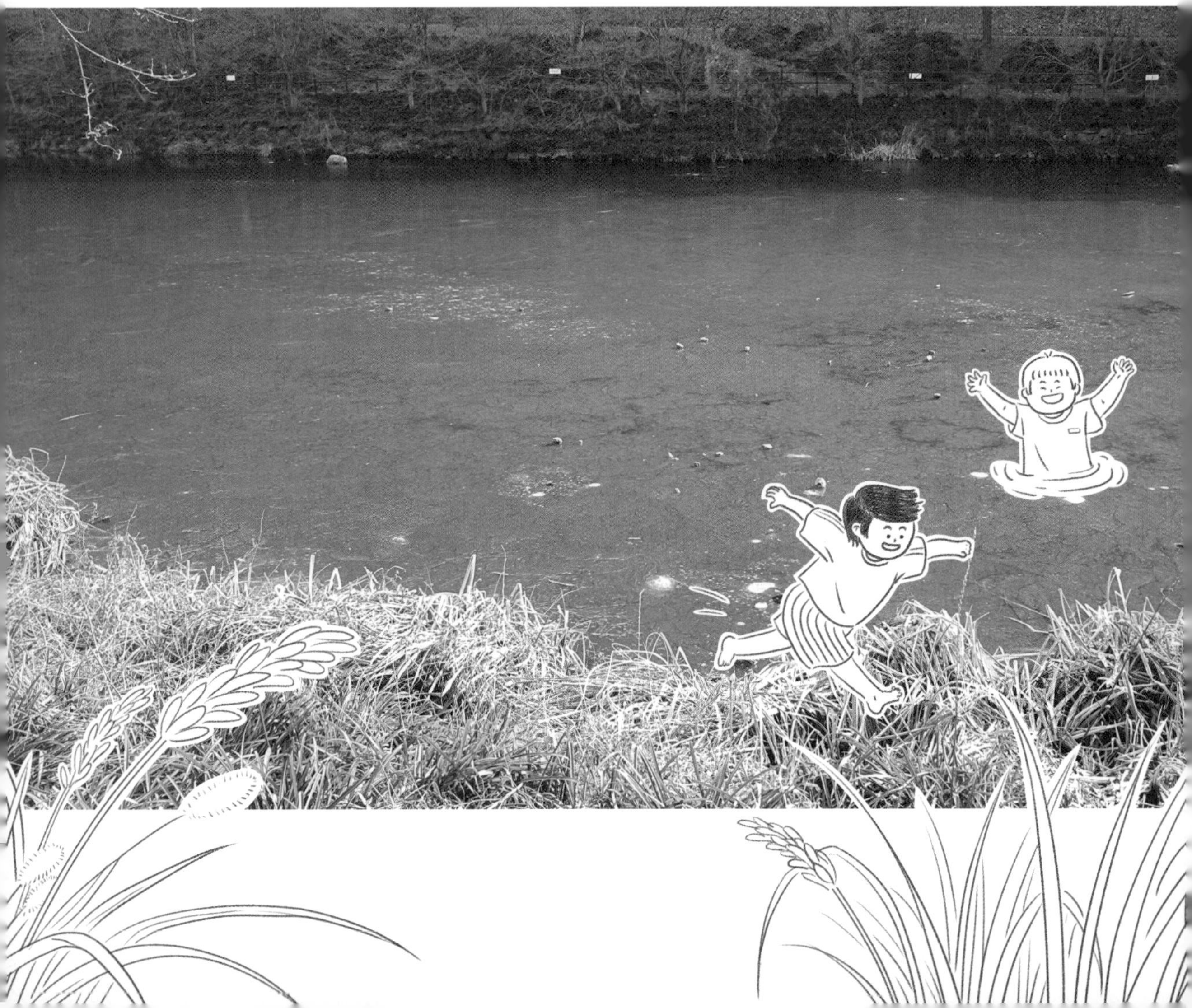

아이들은 고무신이 웃는 의미를 알아차리지 못합니다. 아이들이 두 편으로 나뉘었습니다. 미루나무 작대기로 반환점도 만들었습니다. 고무신의 '출발' 소리에 맞춰 아이들이 뜁니다. 땅 위를 달리는 것과 물속에서 달리는 것은 어떻게 다를까요?

"고무신, 누가 발을 잡아당기는 거 같았어."

"종아리에 커다란 모래주머니를 달고 뛴 기분이야."

"다리가 물속으로 자꾸 잠수하려고 했어."

물속 이어달리기를 하고 지친 아이들이 모래사장에 드러눕습니다. 그제야 아이들이 고무신 웃음의 의미를 알았습니다.

늘 달리던 공기 속이 아니라 물속을 달리면 몸에 새로운 힘이 솟아납니다. 달리다가 넘어져도 괜찮습니다. 물이 풍덩 소리를 내면서 안아 주기 때문입니다. 땅 위에서 넘어지면 무릎이 까지기도 하지만 물은 아이들을 잘 감싸 줍니다. 발목까지 오는 물에서 달리던 아이들이, 더 깊은 물에서 달리고 싶어 합니다. 무릎까지 잠기는 물에서도, 허리춤까지 올라오는 물에서도 달리기는 즐겁습니다. 혼자 달리고, 여럿이 달리고, 이어서 달리고, 손을 잡고 달리면서 물과 더 친해집니다. [놀이 1]

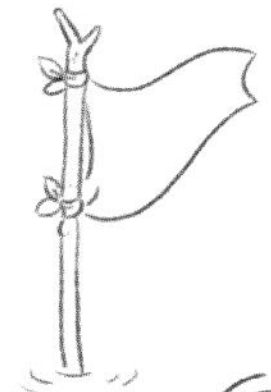

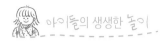

2 물속에서 놀아요

햇빛도 물속으로 들어가 놀고 싶대요. 맑은 물에 햇빛이 들어가면 그 속에 있는 물건들이 이상하게 보입니다. 크게 보이고, 더 가까이 보입니다. 빛이 물속에 들어가거나 나올 때 빛이 굽는 현상 때문입니다. 재형이가 물속으로 얼굴을 넣었다 뺍니다. 물 밖에서 이상하게 보이던 물건들이 물속에서는 어떻게 보이는지 궁금했나 봅니다.

고무신이 물이 가득 담긴 큰 물통에 얼굴을 넣습니다. 코가 들어가고 입이 들어가고 눈이 들어가고 마침내 귀까지. 얼굴 전체를 물에 잠기게 합니다. 얼굴이 물에 잠긴 상태에서 눈을 뜨고 입을 열고 숨을 쉬어 봅니다. 아이들은 투명한 물통에 잠긴 고무신 얼굴을 보고 깔깔거리고 웃습니다. 코가 커 보인대요. 껌뻑껌뻑 눈이 부엉이 같대요. 고무신은 얼굴을 내밀더니 고래처럼 물을 뿜어냅니다. 아이들에게 말합니다. 놀이 2

"누가 숨 참기 오래 하는지 해 보자."

물에 들어간 아이들 얼굴이 하나같이 이상합니다. 붕어빵처럼 부풀어 보입니다.

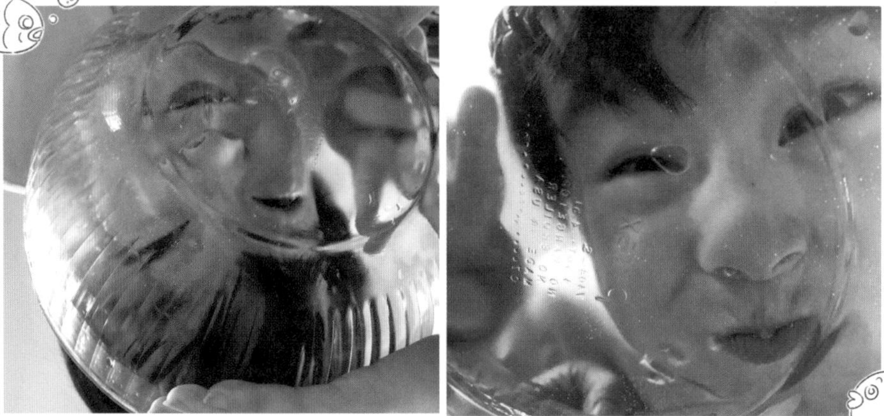

놀이 2 | 투명한 물통에 얼굴 넣기

고무신이 물속에 구슬을 넣었습니다. 아이들이 구슬 찾기를 합니다. 물 밖에서 손을 넣어서 잡아도 보고, 젓가락으로 집어도 봅니다. 물속에 들어가 구슬을 찾을 때와 어떻게 다를까요? 놀이 3

아이들이 물 주위에 모여 자석 낚시를 합니다. 물속에 있는 쇠구슬을 잡아야 합니다. 쇠구슬이 자석에 붙을 때마다 아이들은 신이 납니다. 얼굴에 웃음꽃이 핍니다. 물속에 있는 물건을 찾는 즐거움은 마치 보물을 찾는 것과 같아요. 놀이 4

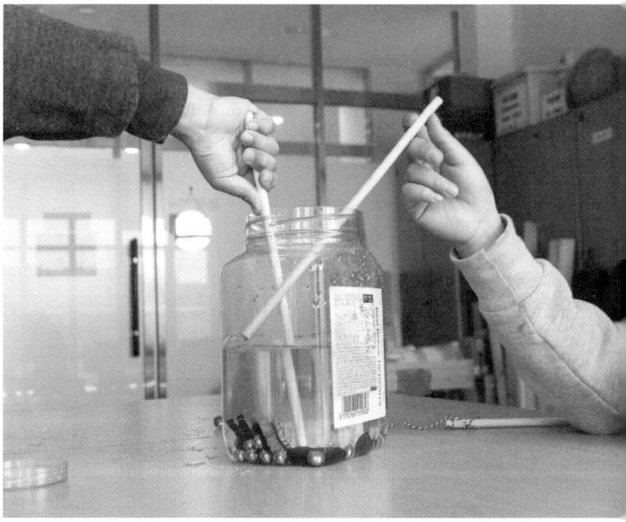

놀이 3 | 물속에서 구슬 찾기

놀이 4 | 자석 낚시하기

준비물 물 담긴 투명한 통, 여러 개의 쇠구슬, 자석

만드는 법 1 통에 쇠구슬을 넣는다.
2 자석을 활용해 쇠구슬을 이리저리 움직여 본다.
3 친구와 함께 자석 낚시 놀이를 해 본다.

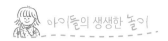

3 물을 튀기면서 놀아요

태풍이 지나간 넓은 잔디밭이 물놀이터가 되었습니다. 잔디밭에서 콩 주머니를 날리고 아슬다리(나무와 돌로 만든 징검다리)를 만들어 성큼성큼 걸어갑니다. 아슬다리를 건너던 희원이가 미끄덩, 다리 아래로 떨어지면서 잔디밭에 고여 있던 물이 튀었습니다. 옆에 있던 고무신이 물에 빠진 생쥐 꼴이 되었습니다. 고무신이 희원이를 향해 물을 튀깁니다. 처음에는 손으로 튀기다가 이내 발로 물을 쳐 냅니다. 희원이 뿐 아니라 영준이도 근범이도 고무신에게 물세례를 받았습니다. 고무신과 아이들의 물싸움이 시작되었습니다. 진수는 갈아입을 옷이 없다고 저만큼 물러났습니다. 물을 세게 튀기지 못하던 희원이가 온몸을 던져 물을 튀깁니다. 고무신은 흠뻑 다 젖었습니다. 아이들은 콩 주머니와 아슬다리를 잊어버렸습니다. 물놀이가 더 재밌습니다. 놀이5

놀이 5 | 물싸움하기

놀이 6 | 물 폭탄 만들기, 물 튀기기

웅덩이에 고인 물은 커다란 물 폭탄을 만들기에 참 좋습니다. 덩치가 큰 재윤이가 온몸을 던지자 첨벙하는 소리와 함께 물이 사방으로 튀었습니다. 주변에 있던 모두가 물을 뒤집어썼습니다. 아이들이 물 폭탄 놀이에 빠졌습니다. 누가 누가 웅덩이 물을 더 많이, 더 멀리 튀기는지 시합합니다. 아이들이 온몸을 던지며 놉니다. 민영이가 말합니다. 놀이6

"물이 너무 힘들어 보여."

민영이가 애기똥풀을 뜯어 왔습니다. 아이들을 다 안아 주던 웅덩이에 노란 꽃을 띄웁니다. 한별이가 나뭇잎을 띄웁니다. 철민이는 종이배를 접어 띄웁니다. 지나가던 구름이 고개를 내밀었습니다. 물웅덩이가 순식간에 움직이는 도화지가 되었습니다. 집으로 갈 시간, 아이들은 미련 없이 그곳을 떠났습니다. 물웅덩이도 나뭇잎도 종이배도 두고 갑니다. 비 내리는 날, 이곳에 와서 또 놀고 싶습니다.

참고해요

물은 금방 아이들을 물로 물들입니다. 옷이 더러워질까 봐 놀지 못하는 아이들도 있습니다. 갈아입을 옷을 준비하는 것이 좋습니다. 갈아입을 옷이 없으면 비닐 비옷을 입고 비닐 모자를 쓰고 놀면 됩니다. 비닐 비옷을 입으면 물소리를 더 크게 들을 수 있습니다. 어린이용 비옷이 없으면 재활용 봉지에 구멍을 뚫어서 입으면 됩니다.

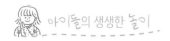

4 물길을 만들면서 놀아요

작은 도랑에서 물을 막고 놉니다. 정우와 윤재는 도랑 윗부분에 올라가서 풀이랑 흙이랑 돌을 모아서 큰 둑을 만듭니다. 아래에 있는 성필이와 은혜도 둑을 만듭니다. 정우와 윤재가 물이 가득 담긴 위쪽의 둑을 갑자기 터트립니다. 그러면 물이 힘차게 흘러가 아래쪽 둑에 갇힙니다. 내려온 물이 아래쪽 둑을 터트리면 위쪽 편이 승리, 못 터트리면 아래쪽 편이 승리입니다. 이긴 팀이 위에다 더 크고 넓고 튼튼한 둑을 만듭니다. 둑 터트리기를 할 때, 재빨리 둑을 터트리는 것이 중요합니다. 물이 갑자기 많이 흘러가야 아래쪽 둑을 쉽게 터트릴 수 있습니다. 놀이7

물은 길을 따라가는 것을 좋아합니다. 아이들이 길을 만들어서 멀리 있는 물을 가까이 끌고 옵니다. 물은 아래로 흐른다는 것을 준영이와 준호는 알고 있습니다. 물이 있는 곳부터 땅을 파서 물길을 만듭니다. 갈수록 더 깊게 파야 물이 잘 흘러갑니다. 동그란 물길, 네모난 물길, 세모난 물길, 원하는 대로 물길을 냅니다. 물길이 완성되면 나뭇잎 배도 띄우고 물도 튀기면서 재미있게 놉니다. 놀이8

바닷가에서 물길 만들기는 바닷물

놀이 7 | 둑 터트리기

놀이 8 | 물길 만들기
준비물 물을 담은 통, 땅을 팔 수 있는 도구들(국자, 큰 삽, 호미 등)
만드는 법 1 도구를 써서 땅을 판다.
2 만든 길 위로 물을 흘려보낸다.
3 물길을 따라가다 보면 물길의 흐름을 알 수 있다.

을 땅으로 가지고 오는 물놀이입니다. 해변에서 물길을 내어 육지로 물이 들어오게 합니다. 물길을 내다가 힘들면 물길 끝에 연못을 만듭니다.

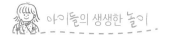

5 물을 간질이며 놀아요

놀이 9 | 물 간지럽히기

넓은 강에 나가 물을 간질이며 놉니다. 아이들이 자기 주먹 크기의 돌을 강에 던집니다. 풍덩! 소리를 내며 물결이 사방으로 퍼져 나갑니다. 물이 깊고 돌이 클수록 퍼져 나가는 물결이 큽니다. 작은 돌을 던지면 작은 물결이 강을 타고 퍼집니다. 놀이 9

승흠이가 납작하고 작은 돌을 찾아 나섭니다. 물수제비뜨기를 하려고 합니다. 강가에서 납작한 돌을 구하기는 쉽지 않습니다. 두리번두리번 잘 살펴보아야 합니다. 내 손에 쏙 들어오는 돌멩이가 필요합니다. 납작한 돌을 구했으면 엄지와 검지로 감

놀이 10 | 물수제비뜨기

싸 잡습니다. 그리고 돌을 날립니다. 물의 수면과 나란하게 돌을 던집니다. 뿌리듯 돌을 날리면 작은 돌이 강물을 통통 튀며 날아갑니다. 놀이 10

승흠이가 돌을 던졌습니다. 돌이 다섯 번이나 수면을 튕기며 날았습니다. 친구들이 '와!'하고 탄성을 지릅니다. 지민이도, 영우도 돌을 찾아 던집니다. 생각보다 쉽지 않습니다.

"팔목에 힘을 빼고 던져 봐."

승흠이가 지민이와 영우에게 방법을 알려 줍니다. 몇 번을 시도합니다. 지민이 돌은 강물로 쏘옥 빠집니다. 영우의 돌은 '두 번 튀어 오르고 퐁당', '한 번 튀어 오르고 퐁당', '그대로 퐁당'합니다.

"처음에는 잘되지 않아."

"강이랑 아직 친해지지 않아서 그래."

"던지고 또 던지다 보면, 열 번 안에 성공할 거야. 믿어도 돼."

"물에 닿는 각도가 적당해야 해."

승흠이는 지민이와 영우를 위해 납작하고 작은 돌을 찾아 건네줍니다.

휙, 통통통, 퐁당. 휙, 통통통통, 퐁당, 휙, 통통통통통통 퐁당.

고무신이 던진 작은 돌이 휙 날았습니다. 하늘 풍경을 비추던 잔잔한 강에 물결이 일었습니다. 돌이 열두 번이나 튀어 올랐습니다. 돌이 물속으로 빠질 때까지 아이들은 돌에서 눈을 떼지 않습니다. 아이들의 탄성이 이어집니다. 아이들은 고무신보다 더 많이 튕기겠다며 열심히 돌을 던집니다. 여러 개의 물결이 서로 겹쳐져 재미있는 무늬를 만듭니다. 강에 비치던 하늘이 사라졌다 나타났다 사라졌다 나타났다 합니다.

✱ 물에서 놀 때 아이들에게서 절대로 눈을 떼면 안 됩니다 ✱

아무리 얕은 물이라도 아이들을 힘들게 할 수 있습니다. 미끄러져 넘어질 수도 있고, 코로 물이 들어갈 수도 있습니다. 눈에 물이 튀어 눈을 못 뜰 수도 있습니다. 아이들이 물이랑 놀다가 힘들다는 신호를 보내면 선생님이 즉시 달려가야 해요.

✱ 물과 더 재미있게 만날 수 있도록 도구와 그릇을 준비해 주세요 ✱

다양한 도구와 그릇들이 물을 만나면 새로운 놀잇감이 됩니다. 케첩 통 물총, 생수 통 물총, 풍선 물총 그리고 바가지 물 폭탄을 만들 수 있습니다. 동네를 탐험하면서 버려진 물건을 찾아보세요. 재활용품도 물놀이할 때 유용하게 쓸 수 있어요.

✱ 작은 물통, 큰 물통, 깊은 물통, 넓은 물통을 준비해 주세요 ✱

물은 담기는 곳에 따라 그 모양을 바꿉니다. 물놀이를 할 때 작은 물통, 큰 물통, 깊은 물통, 넓은 물통 등 여러 가지 통을 준비해 주세요. 물이 가득 담긴 통을 툭툭 쳐 봅니다. 네모 모양 물통에서는 어떤 물결이 일어나나요? 세모 모양 물통은 물결도 세모 모양일까요?

✱ 예술 활동으로 연결해 주세요 ✱

1 윤석중의 〈퐁당퐁당〉 노랫말을 듣고, 상황을 바꿔 봅니다. 노랫말 이어짓기도 해 봅니다.

2 물결이 퍼지는 모습과 상황을 네 장면의 만화로 그려 봅니다.

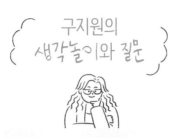

구지원의 생각놀이와 질문

물아, 너는 왜 긴 여행을 하니?

물아, 나무뿌리에서 나무 꼭대기까지 가는 데 얼마나 걸려?

물아, 거꾸로 가 봤니? 물아, 높은 곳에서 떨어지면 안 아파?

물아, 뭘 비추고 싶니? 물아, 해가 좋아? 바람이 좋아?

물아, 대롱대롱 거미줄 그네를 타면 어떤 기분이니?

물아, 또르르또르르 연잎 미끄럼틀 타 봤어?

물아, 새벽에 토끼가 세수는 안 하고 너만 먹고 가면 뭐라고 말해 줄래?

물아, 넌 화가 나면 어떻게 해? 물아, 곡선이 좋아? 직선이 좋아?

물아, 너를 가장 필요로 하는 곳은 어딜 것 같니? 물아, 넌 어떤 그릇이 제일 좋아?

물아, 너는 언제 어디서 어떻게 변신하니? 졸졸졸 흐르는 물아, 너도 졸려?

물아, 너는 무슨 색깔을 좋아해?

물아, 너는 얼마나 깊고 넓어?

불 피우는 아이

불 곁에 있는 아이는 얼마나 따뜻할까?

불은 뱅글뱅글 돌고 위로 솟구쳐 오르고 안으로 빨려 들어갑니다. 활활 타오르는 불을 가둘 수는 있지만 가질 수는 없습니다. 불은 저 혼자서 커질 수 없습니다. 태울 것이 있어야 하고 공기가 있어야 하고 열이 있어야 합니다. 아이들의 자람도 불과 같습니다. 먹을 것이 충분히 있어야 하고 시원한 공기와 자주 만나야 합니다. 그리고 어른들의 뜨거운 사랑이 있으면 더 잘 자랍니다.

불은 성질이 따뜻하고, 뜨겁고, 따갑습니다. 불은 추운 겨울 움츠린 몸을 포근하게 감싸 줍니다. 덕분에 마음까지 편안해집니다. 불은 도구를 만들어 줍니다. 뜨거운 불로 녹인 쇠는 도구가 됩니다. 갑자기 불똥을 맞으면 온몸이 깜짝 놀랄 만큼 따갑습니다.

불은 옮겨 가는 것을 좋아합니다. 불은 그 기운을 다른 곳에 잘 전해 줍니다. 자기보다 다른 것을 더 사랑하나 봅니다. 무엇이든 지나치면 상대를 다치게 합니다. 그래서 적당한 거리가 필요하지요. 불은 아주 유용하지만, 조심해서 다루어야 합니다.

사람은 불에 음식을 익혀 먹으면서 뇌가 커졌고, 커진 뇌는 생각하는 힘을 길러 주었습니다. 정월 대보름에 어른들은 불을 크게 피워 놓고 달에게 복을 빌었습니다. 불 크기와 불이 쓰러지는 방향을 보고 풍년일지 흉년일지를 가늠했습니다. 불은 힘이 셉니다. 그래서 어른들은 아이들이 불 가까이 가지 못하게 합니다. 불장난하면 오줌 싼다는 속담도 만들어졌습니다. 불놀이는 너무너무 신나는데 어른들은 아이들을 걱정해서 못하게 합니다. 옛날 아이들은 추운 겨울에 어른들 몰래 논밭에서 불놀이를 많이 했습니다.

불을 만들고, 모으고, 나누면서 아이들은 불놀이를 합니다. 불로 놀 때는 불씨를 만드는 데 공을 들여야 한다는 것을 압니다. 작은 불은 공기를 만나야 큰 불이 된다는 것도 알게 됩니다. 불이 꺼지지 않고 잘 타오를 수 있도록 기다리는 것을 배웁니다. 아이들은 불을 피우고, 피운 불에 간식을 만들고, 불이 만들어 낸 빛으로 그림자놀이도 합니다.

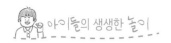

1 불을 만들며 놀아요

파이어스틱으로 불씨를 만듭니다. 파이어스틱은 '마그네슘 합금봉과 쇠로 된 긁개'로 이루어져 있습니다. 파이어스틱을 살금살금 긁으면 마그네슘 가루가 생깁니다. 짚이나 종이 등 태울 것에 가루를 모은 후, 그 위에 파이어스틱을 힘차게 칩니다. 그러면 불꽃이 나와서 불이 붙어요. 여린이가 힘차게 파이어스틱을 치지만 불이 쉽게 붙지 않습니다. 가루를 더 만든 후, 다시 한 번 탁 칩니다. 작은 불씨가 생겼지만 금방 꺼집니다. 다시, 또 한 번 힘을 냅니다. 불이 붙었습니다. 후하고 입으로 바람을 만들면 불이 살살 타오릅니다. 놀이 1

지환이가 자기가 만든 불을 들고 조심조심 걸어갑니다. 불꽃이 나타났다 사라집니다. 나뭇가지를 모아둔 곳에 아이들이 만든 불을 모읍니다. 재형이가 만든 불과

놀이 1 | **파이어스틱으로 불붙이기**

준비물 파이어스틱, 태울 것(짚, 얇은 종이, 휴지 등)

만드는 법 1 준비한 쟁반 위에 태울 수 있는 재료들을 얇게 펼쳐 놓는다.
2 점화 나이프를 파이어스틱 끝까지 힘껏 밀어서 불씨를 만든다.
3 땔감에 불씨가 붙으면 바람을 불어 불씨를 살린다.

⚠ **주의** 위험한 작업을 할 때는 반드시 어른의 도움을 받아요.

지환이가 만든 불과 여린이가 만든 불이 모여 큰 불이 되었습니다.

아이들이 타고 있는 나뭇가지를 하나씩 들고 구덩이에 있는 나무에 불을 붙입니다. 나뭇가지의 불이 구덩이에 닿기 전에 자꾸 꺼집니다. 아이들이 아쉬워합니다. 고무신은 나뭇가지에 불이 충분히 붙을 때까지 기다리라고 합니다. 입으로 호호 불면 불이 더 잘 살아난다고 말해 줍니다. 아이들이 불붙은 나뭇가지를 들고 살금살금 걷습니다. 나뭇가지 끝부분에서 눈을 떼지 못합니다. 불이 꺼지려고 하면 그 자리에 가만히 서서 불과 공기가 만나는 시간을 줍니다. 그리고 호호 붑니다. 불이 다시 살아났습니다. 마침내 구덩이에 모아둔 나무에 불이 붙었습니다. 주위가 환해졌습니다. 불을 만들고, 불을 모으고, 불을 나누는 아이들은 어느 때보다 진지합니다. [놀이 2]

놀이 2 | 구덩이에 있는 나무에 불붙이기

놀이 3 | 돋보기로 햇빛 모아 불붙이기

해가 쨍쨍한 날입니다. 아이들이 돋보기, 검은 색종이, 물통을 들고 불을 만들러 나갔습니다. 돋보기로 검은 색종이 위에 햇빛을 모읍니다. 돋보기를 통과하는 햇빛이 쌀알 크기가 되도록 한 후, 가만히 있습니다. 모락모락 연기가 피어오릅니다. 입으로 바람을 살살 불어 주면, 불꽃이 생깁니다. 색종이가 다 탈 때까지 지켜봅니다. 하얀 종이에 검은색 크레파스로 그림을 그리고 그 위에 햇빛을 모으면 햇빛으로 그린 그림이 됩니다. 불이 커져서 위험하다고 생각되면 물을 끼얹어 불을 끄면 됩니다. 돋보기로 태양을 보면 큰일 납니다. 놀이 3

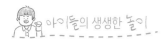

2 불로 간식을 구워 먹으며 놀아요

소는 풀을 먹고 자랍니다. 코끼리도 풀을 먹지요. 풀을 먹고 똥을 싸면 거름이 됩니다. 그리고 햇볕에 바싹 마르면 땔감이 됩니다. 곶자왈로 소풍을 갔습니다. 개미도 보고 소도 보고 나무에 그네도 매어서 놀았습니다. 돌아오는 길에 나뭇가지에다 잘 마른 소똥을 하나씩 달고 왔습니다. 잘 마른 소똥은 냄새가 나지 않습니다. 고무신은 소똥을 손으로 들고 옵니다. 곶자왈을 빠져나오니 불을 피울 수 있는 화로와 소시지와 빵이 준비되어 있습니다. 고무신은 들고 온 소똥에 불을 붙입니다. 아주 잘 탑니다. 친구들이 가져온 소똥도 함께 모았습니다. 불길이 활활 타오르더니 이내 불꽃은 사그라들고 소똥 숯불이 만들어졌습니다. [놀이4]

놀이 4 | 불붙이기

"소시지와 빵 구워 먹자."

"웩, 소똥에 구워 먹는다고요?"

찬우는 절대, 절대로 먹지 않겠다고 합니다.

"지금도 소똥을 연료로 사용하는 나라가 많아."

찬우는 미심쩍은 눈으로 고무신을 쳐다봅니다. 찬우만 빼고 다른 친구들은 모두 간식을 맛있게 구워 먹습니다. 배고픈 찬우는 정우에게 살짝 물어봅니다.

"똥 냄새 안 나?"

정우는 자기가 먹던 소시지를 찬우에게 건네줍니다. 찬우는 소시지를 세 개나 더 먹었습니다. 소똥 불이 사그라들었습니다. 간식은 아직도 많이 남았는데 말이죠. 놀이 5

"소똥 모으러 가자."

찬우가 곶자왈로 제일 먼저 달려갑니다. 얼마 지나지 않아 긴 나무 꼬챙이에 소똥을 주렁주렁 달고 나타났습니다.

놀이 5 | 간식 구워 먹기

준비물 화로, 숯 또는 나무, 나무 꼬챙이, 간식거리(소시지, 마시멜로, 베이글 등)

만드는 법 1 화로나 땅에 숯 또는 나무를 넣고 불을 붙인다.

2 준비한 간식을 나무 꼬챙이에 끼운다.

3 간식을 맛있게 구워 먹는다.

3 빛으로 그림자를 만들어요

빛을 막으면 그림자가 생깁니다. 빛은 앞으로 똑바로 가는 것을 좋아하는데 누군가 그 앞을 막으면 검은 그림자를 만들어 버립니다. 빛 가까이에서 막아서면 큰 그림자를 만들고 멀리에서 막아서면 작은 그림자를 만듭니다. 옛날 사람들은 막대를 세우고, 막대 그림자의 움직임으로 절기와 시간을 알아냈습니다.

놀이 6 | 빛으로 그림자놀이 하기

빛과 그림자는 아이들을 더 신기한 세계로 데려갑니다. 아이들은 그림자놀이를 좋아합니다. 빛 앞의 물건이 움직일 때마다 그림자의 모습이 달라져서 자꾸자꾸 하게 되나 봐요. 그림자는 나의 다른 모습이기도 합니다. 거울과는 다르게 나를 보여주지요. 길어지기도 하고, 짧아지기도 하면서 실제와 전혀 다른 모습으로 나타나게 합니다. 그림자는 내 손을 여우로 만들고, 독수리로 만들고, 달팽이로 만듭니다. 그림자밟기, 그림자를 비추어 연극하기, 그림자로 수수께끼 만들기 등 그림자를 활용한 다양한 놀이가 있습니다. 놀이6

빛이 통하는 색 비닐인 셀로판지로 인형을 만들면 그림자는 어떤 색을 보여 줄까요?

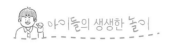

4 불을 뛰어넘으며 놀아요

옛날 사람들은 정월 대보름이 되면 논밭이나 마을 공터에 불을 피워 놓고 그것을 뛰어넘었습니다. 어른도 뛰어넘고 어린이도 뛰어넘었습니다. 불을 뛰어넘으면 몸에 붙어 있는 나쁜 것을 모두 내보낸다고 믿었던 것이지요. 불은 몸과 정신을 깨끗하게 해 주고, 나쁜 것을 태워 주고 물리치는 힘이 있습니다. 캄캄한 밤에 손전등이 있으면 마음이 편안해지는 것도 같은 이유입니다. 불넘기는 우리나라에만 있는 풍습이 아니고 세계 곳곳에 있답니다. 불을 뛰어넘기 위해서는 용기가 필요합니다. 진짜 불이 아니어도 됩니다. 친구들과 종이로 불을 그려서 바닥에 모아 두고 함께 뛰어넘기를 해 봅시다. 놀이 7

불깡통을 돌리기 위해 아이들이 넓은 강가에 모였습니다. 먼저 못과 망치를 이용하여 깡통에 구멍을 뚫습니다. 망치가 재형이의 작은 손을 아프게 할 때도 있지만, 재형이는 망치질을 멈추지 않습니다. 구멍이 뚫리고 못이 쑥 들어가는 게 재미있다고 합니다. 구멍이 뚫린 깡통에 철사로 손잡이를 만듭니다. 놀이 9 아이들은 불 돌리기를 하기 전에 돌아가는 깡통을 잘 멈추는 방법을 배웁니다. 아이들이 빈 깡통으로

놀이 7 | 불 뛰어넘기

놀이 8 | 불깡통 돌리기

놀이 9 | **불깡통 만들기**
준비물 깡통, 못, 망치, 철사, 풀이나 나뭇가지
만드는 법 1 깡통 위 뚜껑을 딴다.
2 못과 망치를 활용해 깡통의 옆과 바닥에 바람구멍을 만든다.
3 깡통 양쪽으로 철사를 넣어 손잡이 줄을 만든다.
4 손잡이 줄이 회전할 때 끊어지면 위험하므로 겹으로 꼬아 단단하게 만든다.
5 풀이나 나뭇가지로 불을 살린 다음 깡통에 넣고 돌린다.

⚠ **주의** 위험한 작업을 할 때는 반드시 어른의 도움을 받아요. 깡통을 돌릴 때 옆 사람이 다치거나 불씨가 떨어져서 옮겨붙지 않도록 각별히 신경을 써야 해요.

연습을 합니다. 고무신은 불씨가 있는 나무토막과 마른 장작을 깡통에 넣고 빙글빙글 돌립니다. 구멍으로 산소가 들어와 나무토막이 활활 탑니다. 불이 빙글빙글 돌아가면서 동그란 보름달을 만듭니다. 점점 더 세게 돌립니다. 돌아가는 불이 쒸익쒸익 하며 크게 소리를 냅니다. 아이들이 고무신을 따라 불깡통을 돌립니다. 불깡통들이 노래를 합니다. 새까만 밤 보름달이 여러 개 떠올랐습니다. 놀이8

돌리던 불깡통을 하늘 높이 휙 던졌습니다. 하늘에 은하수가 생겼습니다. 불깡통이 높이높이 올랐다가 떨어집니다. 불깡통 주위에 불똥이 퍼져 나갑니다.

"우와! 별똥별이 떨어지는 것 같아."

지환이가 불과 친해졌습니다.

작은 손전등을 플라스틱병에 넣고 끈을 달아서 돌리면 손전등깡통이 됩니다.

선생님이 도와주세요

✱ 안전한 불자리를 만들어 주세요 ✱

아이들이 불을 만날 수 있는 다양한 장치를 준비해서 불의 밝음, 따뜻함과 뜨거움을 느끼게 해 주면 좋겠습니다. 캠핑에 쓰는 화로도 좋고요. 휴대용 로켓 난로도 있어요. 주변에서 태울거리를 직접 찾아오게 하면 아이들은 주변을 살피는 힘이 커집니다. 불자리 주변에 소화기나 물바가지를 꼭 준비해 주세요.

✱ 불로 음식을 익히는 과정을 보여 주세요 ✱

불에서 나오는 열이 음식을 익힙니다. 불을 피우고, 그 위로 냄비나 프라이팬을 걸어서 음식이 되는 과정을 보여 주세요. 아이들이 좋아하는 간식거리를 직접 불에 구워 먹을 수 있도록 해 주세요. 활활 타오르는 불에서는 그을음만 날 뿐 음식이 익지 않아요. 불이 사그라진 다음 생겨난 숯불에서 음식을 맛있게 익혀 주는 열이 나온답니다.

✱ 예술 활동으로 연결해 주세요 ✱

1 깜깜한 곳에서 빛으로 놀아요. 형광 물질이 칠해진 넓은 판에 손전등으로 그림을 그립니다. 이 판은 손전등을 켜면 빛을 저장했다가, 끄면 빛을 내보냅니다. 손전등이 지나간 자리를 따라가다 보면 무슨 그림을 그렸는지 알 수 있어요. 형광판 위에 물건을 올려놓고 빛을 비추면 그 물건이 있던 자리는 검게 나타납니다. 아이들에게 보여 주고 어떤 물건인지 알아맞히게 합니다. 똑같은 물건도 빛의 각도에 따라 그림자가 다르게 나타납니다.

2 불은 춤추는 것을 좋아합니다. 불이 움직이는 모습을 영상을 통해 자세히 살펴본 후, 몸으로 표현합니다. 아이들은 손을 움직여 활활 타오르는 불이 됩니다. 작은 움직임에서 시작하여, 갈수록 속도와 움직임을 크게 합니다. 회오리바람처럼 춤을 춥니다. 꺼진 불도 몸으로 표현합니다.

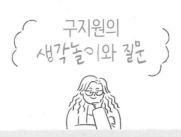

구지원의 생각놀이와 질문

불은 맨 처음 어떻게 생겨났을까요?

프로메테우스는 사람에게 왜 불을 가져다주었을까요?

불은 왜 흔들리나요? 불자동차는 왜 물만 싣고 다닐까요?

신호등의 빨간불과 초록불은 언제 만나요?

불이 나갔어요. 불은 어디로 나갔을까요?

등불, 촛불, 도깨비불, 반딧불··· 불의 종류는 몇 개나 될까요?

불은 올라가는 것을 좋아할까요? 내려가는 것을 좋아할까요?

차가운 불이 있을까요? 불도 배가 고플까요?

불은 켜져 있을 때와 꺼져 있을 때 중 어떤 때를 더 좋아할까요?

불은 몇 가지 색깔을 가지고 있을까요? 불도 뜨거움을 느낄까요?

불이 꽃을 피우면 어떤 일이 벌어질까요? 불똥도 냄새가 날까요?

불도 하품을 할까요? 어둠은 불을 좋아할까요? 싫어할까요?

불의 나라는 어디일까요?

나무가 된 아이

고무신이 세우는 놀이 이야기

스스로 서는 나무는 외로울까?

서 있는 나무, 누워 있는 나무, 기어가는 나무, 물속에 사는 나무, 바위에서 자라는 나무, 키 큰 나무, 할아버지 탁자 위의 나무. 이 세상에 수없이 많은 나무가 우리와 함께 살고 있습니다. 나무는 우리에게 주는 것이 참 많습니다. 주위를 한번 둘러보세요. 나무에서 온 것은 무엇이 있나요?

나무는 서 있습니다. 혼자 서 있는 것처럼 보이지만, 둘레의 많은 것과 함께 있습니다. 풀은 바닥에서 수분을 지켜 주고, 새는 먼 나라 이야기를 들려줍니다. 바람은 씨앗을 맺게 해 주고, 벌은 날갯짓으로 나무의 향기를 멀리 보냅니다. 잎이 무성한 큰 나무를 보면 저절로 그 옆으로 가고 싶어집니다. 아주 크고 오래된 나무는 마을을 지켜 주고, 마을 사람들 역시 나무를 지켜 주지요. 나무는 사람이 기대어 쉴 수 있는 쉼터입니다.

여름날, 비가 오고 바람이 세차게 불었습니다. 태풍이 왔습니다. 아름드리나무들이 땅을 향해 인사를 하더니 결국 쿵하고 쓰러졌습니다. 수십 년 동안 한자리에서

하늘을 우러르던 나무가 땅으로 내려왔습니다. 태풍이 몰아치고 나면 곳곳에서 쓰러진 나무를 만납니다. 뿌리째 뽑혀 강에 떠내려온 나무, 바람에 뚝 부러진 나무, 파도에 떠밀려 긴 여행을 다녀온 바닷가 나무 등 쓰러진 나무 덕분에 사람들은 쓸모 있는 물건을 얻습니다. 아이들도 쓰러진 나무를 좋아합니다. 이 나무 덕분에 놀이터가 생기고 놀잇감이 생겨납니다. 팽이도 만들고, 나불이(나무로 만든 피리)도 만들고, 올라가는 거북이도 만듭니다. 손가락처럼 가늘면 휘두르는 칼이, 줄을 매면 활이, 작게 자르면 산가지가 됩니다.

나무와 노는 아이들은 나무처럼 자신을 스스로 세웁니다. 친구를 돕고 세상을 시원하게 만들어 주는 아이로 자랍니다. 나무를 만나면 그 마음을 배웁니다. 나무는 지나간 시간을 나이테에 저장합니다. 나이테는 나무의 무늬입니다. 아이들이 저마다 다른 자기의 무늬를 만들면 좋겠습니다.

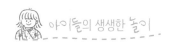

1 나무와 이야기하며 놀아요

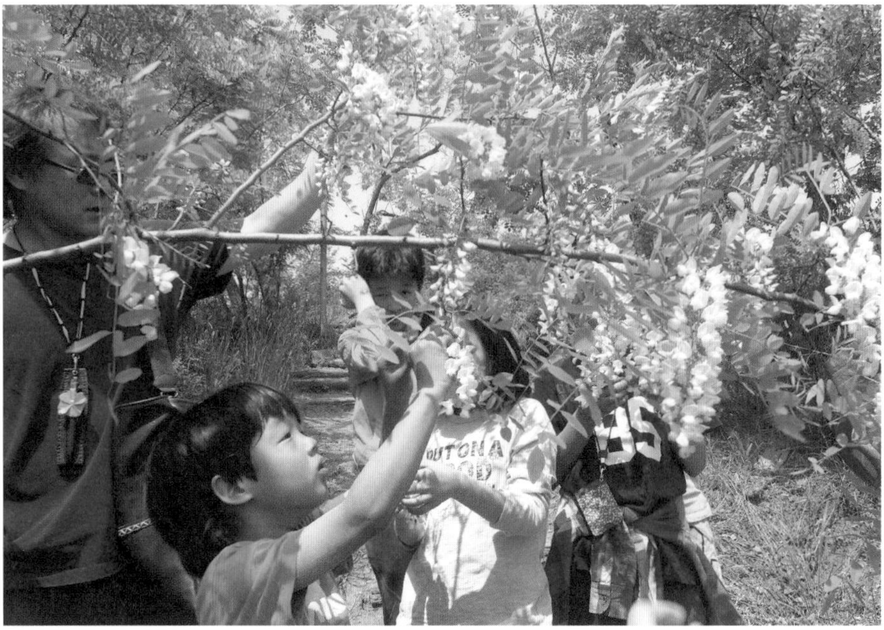

놀이 1 | 아카시아꽃 따기

아이들과 융건릉에 갔습니다. 융건릉은 경기도 화성에 있는 사도세자와 정조의 무덤입니다. 이곳에는 참나무와 오리나무와 소나무가 많습니다.

“얘들아, 보물 찾아 와.”

보물을 찾으라는 말에 아이들은 숲으로 달려갑니다. 솔방울과 도토리를 가져와서 보물이라고 합니다. 놀이 1

“그래, 보물이구나.”

아이들은 앉아서도 찾고, 누워서도 찾고, 기어가면서도 찾아 봅니다. 땅에 소복이 쌓인 낙엽을 들춰 보기도 합니다. 여기저기에서 보물을 찾았다는 소리가 들립니다.

“어디서 찾았어?”

"나뭇가지 사이에서."

"그 사이에 또 뭐가 있었는데?"

나뭇가지 사이에는 하얀 구름이 떠간다고 합니다. 새가 앉았다가 날아간다고 합니다. 꼬물꼬물 애벌레가 기어간다고 합니다.

놀이 2 | 찔레나무 만나기

놀이 3 | 도토리 발견하기

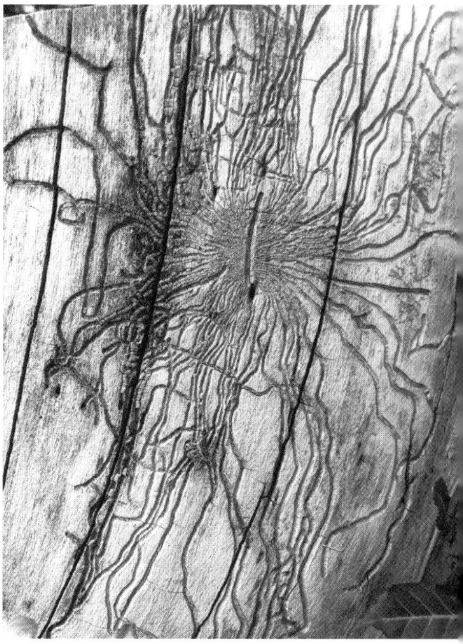
놀이 4 | 나무 이야기 상상하기

낙엽 사이에서 보물을 찾았습니다. 낙엽 사이에는 따뜻한 공기가 지나가고, 개미가 기어가고, 흙이 있다고 합니다. 아이들은 나무를 다양하게 만납니다.

손으로 울퉁불퉁 매끈매끈 까끌까끌을 느낍니다. 두 팔 벌려 안아도 봅니다. 손이 닿지 않자, 친구들을 불러 손을 잡고 큰 나무를 함께 안습니다. 나무에 등을 비비는 아이도 있고, 코로 냄새를 맡는 아이도 있습니다. 놀이 2 소나무와 참나무는 다릅니다. 아이들은 바닥에 떨어진 도토리와 솔방울 씨앗을 깨물며 나무의 맛을 봅니다. 놀이 3

나무둥치에 귀를 바짝 대고 나무의 이야기를 듣습니다. 손바닥을 대며 나무에게 말을 겁니다. 아이들은 나무에게 자기 이야기도 합니다. 놀이 4

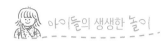

2 나무를 타고 놀아요

서울혁신파크 피아노 숲에서 아이들이 나무에 오릅니다. 앞에 있는 아이가 잘 오르지 못하니, 뒤에 있던 아이가 발을 받쳐 줍니다. 끙끙 나무에 올라 아슬아슬 걸어갑니다. 몇 번 반복해서 오르더니 이제 친구의 도움 없이도 잘 올라갑니다. 나무를 오르면 오른 만큼 키가 커집니다. 평소에 보이지 않던 풍경이 눈앞에 펼쳐집니다. 아이들은 나무 밑에서 맡던 냄새와 다른 바람 냄새를 만납니다. 겁이 많은 하늘이도 친구들처럼 나무에 올라가고 싶습니다. 고무신이 목말을 태워 하늘이를 올려 줍니다. [놀이5]

우포늪에는 300년도 더 된 팽나무가 있습니다. 사람들은 이 나무를 할아버지 나무라 합니다. 아이들이 할아버지 나무의 옹이를 밟고 올라갑니다. [놀이6] 아이들이 하

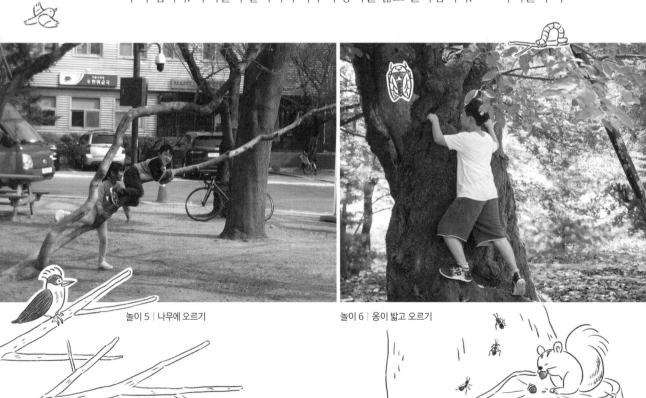

놀이 5 | 나무에 오르기

놀이 6 | 옹이 밟고 오르기

나둘씩 나무로 올라가 나뭇가지에 기댑니다. 겁이 없는 재훈이가 원숭이처럼 가지와 가지를 밟으며 높이높이 올라갑니다. 놀이7 나뭇잎을 젖히고 얼굴을 빼꼼히 내밀었습니다. 먼 곳을 바라봅니다. 아이들은 사람보다 더 오래 살았던 할아버지 나무에게 옛날이야기를 듣습니다.

"지금은 늪이 된 저곳이 백 년 전에는 이 마을과 저 마을의 소떼들이 물을 마시고 풀을 뜯던 곳이었어. 상상해 봐. 노을을 등지고 집으로 돌아가는 소 떼와 사람들을."

"이백 년 전에는 또 어떤 풍경이었을까?"

강화도 전등사로 오르는 길에 태풍으로 쓰러진 참나무가 있습니다. 아이들이 나무 위에 오릅니다. 나무 꼭대기까지 걸어갈 수 있습니다. 쓰러진 참나무는 아이들이 아주 좋아하는 놀이터입니다. 아슬아슬 걸어가다가 무서우면 그 자리에서 폴짝 뛰어내리면 됩니다. 놀이8

놀이 7 | 높이 오르기

놀이 8 | 쓰러진 나무 타기

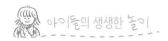

3 춤추며 내려오는 낙엽과 놀아요

놀이 9 | 손바닥으로 나무와 이야기하기

잎이 떨어집니다. 작은 잎은 바람을 타고 가볍게 하늘을 오릅니다. 큰 잎은 뱅글뱅글 돌며 땅으로 내려옵니다. 아이들이 떨어지는 나뭇잎을 잡으러 달려갑니다. 바람의 방향을 잘 읽어야 나뭇잎을 잡을 수 있습니다. 아이들은 왜 떨어지는 나뭇잎을 잡고 싶어 할까요?

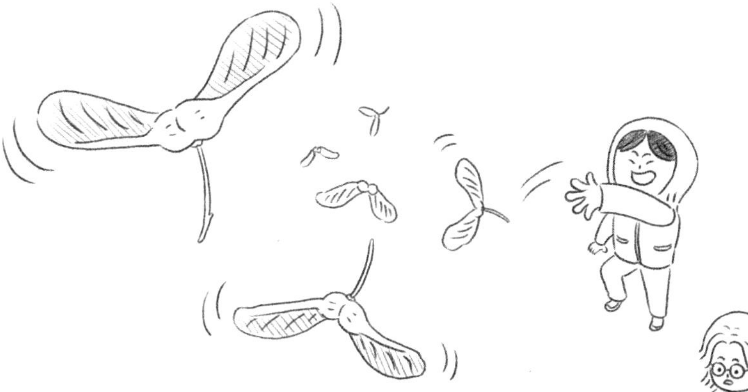

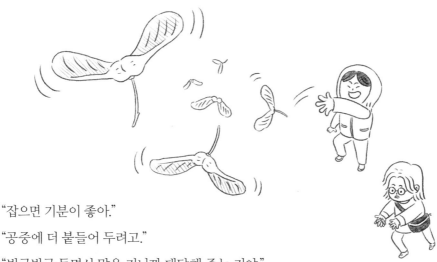

“잡으면 기분이 좋아.”

“공중에 더 붙들어 두려고.”

“빙글빙글 돌면서 말을 거니까 대답해 주는 거야.”

“땅에서 말라 버리기엔 너무 예뻐.”

하나의 나뭇잎만 보고 뛰는 아이가 있고, 이것저것 잡으려고 쫓아가는 아이가 있습니다. 가만히 앉아 있는 아이에게 나뭇잎 하나가 내려앉습니다.

“행운의 나뭇잎이야. 고무신 가져.”

아이들이 단풍나무 열매를 높이 던졌습니다. 단풍나무 열매는 헬리콥터처럼 날아갑니다. 열매를 감싸고 있는 날개들이 열매를 멀리멀리 싣고 갑니다. 두 개의 날개가 분리되고 씨앗은 땅에 도착합니다. 서림이가 단풍나무 열매가 날아가는 것을 보고, 와하고 소리 지릅니다.

“얘들아, 우리도 서림이 따라 하자. 열매를 던지고 소리를 지르다가, 바닥에 떨어지면 멈추는 거야.”

아이들이 단풍나무 열매를 던지자마자 소리를 지릅니다. 숲에 아이들 소리가 넘쳐 납니다. 고함을 멈추기 위해 아이들은 단풍나무 열매에서 눈을 떼지 않습니다. 고함지르고 싶어서 단풍나무 열매를 던지는지, 헬리콥터처럼 날아가는 모습이 재미있어서 열매를 던지는지 알 수가 없습니다. 아이들은 신나게 던지고, 힘껏 소리칩니다. 그런데 이상한 일이 벌어졌습니다. 날아가다 땅으로 떨어지는 열매를 아이들이 손으로 받습니다. 눈으로 열매를 계속 따라가던 아이들은 몸을 적게 움직이고도 떨어지는 열매를 잡는 게 가능해졌습니다.

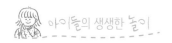

4 나뭇가지로 놀아요

놀이 10 | 나뭇가지로 탐험하기

아이들이 크고 작은 나뭇가지를 주웠습니다. 나뭇가지가 아이들 손에 들어가면 다양한 놀잇감으로 변신합니다. 시후의 나뭇가지는 아서왕의 칼이 되고, 윤아의 나뭇가지는 아브라카다브라 주문을 거는 요술봉이 됩니다. 우영이 나뭇가지는 바람의 소리를 연주하는 지휘봉이 되었습니다. 태풍이는 먼 길을 갈 때 필요한 지팡이를 만들었습니다. 놀이 10

아이들이 나뭇가지를 찾아다닙니다. 길이가 다른 나뭇가지를 들고 고무신에게 와서 같은 길이로 잘라 달라고 합니다. 끝을 끈으로 묶고 서로 기대어 세웠습니다. 가지고 있던 무릎 담요를 덮더니 움막이라고 합니다. 풀과 낙엽을 주워 와 움막 안에 깔고, 누워서 저 멀리 서 있는 큰 나무의 꼭대기를 올려다봅니다. 놀이 11

놀이 11 | **움막 짓기**
준비물 나뭇가지, 끈, 무릎 담요나 넓은 천
만드는 법 1 움막을 만들 수 있는 긴 나무를 찾아 뼈대와 기둥을 만든다.
2 나무와 나무를 끈으로 연결한다.
3 기본 틀이 완성되면 무릎 담요나 넓은 천으로 움막을 멋지게 꾸민다.

"나뭇가지 오래 세우기 하자."

긴 나뭇가지를 손바닥에 세웠습니다. 누구의 나뭇가지가 가장 오랫동안 서 있는지 겨룹니다. 오래오래 서 있게 하려면 몸도 함께 움직여야 합니다. 나뭇가지가 쓰러지려는 방향으로 몸을 움직이면 됩니다. 마치 두발자전거를 탈 때 쓰러지는 방향으로 핸들을 돌리는 원리와 같습니다.

놀이 12

"이번에는 손끝으로 해 볼까?"

손끝으로 나뭇가지 세우기를 끝낸 지환이는 스스로 새로운 단계를 만듭니다. 이마에, 코끝에, 어깨에도 세우며 놉니다. 나뭇가지가 몸의 균형을 잘 잡게 해 주는 마법의 가지가 되었습니다. 추운 겨울 나뭇가지가 언 몸을 녹여 줍니다.

놀이 12 | **손바닥, 손끝에 나뭇가지 오래 세우기**

선생님이 도와주세요

✱ 나무를 만나러 어디로 갈까요? ✱

도시에도 시골에도 나무는 참 많습니다. 놀이터에도 나무가 있습니다. 큰길에 있는 가로수는 피하는 것이 좋아요. 차가 다니는 길이라서 위험하고, 자동차에서 나온 매연이 나무에 가득 묻어 있거든요. 공기가 좋은 곳에 있는 나무를 만나세요. 끌어안고 만지고 비벼 보기도 할 거니까요.

✱ 나뭇가지 자르는 전지가위를 준비해 주세요 ✱

자연에서 저절로 얻어지는 나뭇가지는 끝이 날카로울 수 있습니다. 전지가위는 큰 힘을 들이지 않고 나뭇가지를 반듯하게 자를 수 있습니다. 나뭇가지 끝을 잘라 주면서 잘 가지고 노는 방법을 함께 이야기하면 좋아요.

✱ 눈에 잘 띄는 색의 종이테이프를 준비해 주세요 ✱

아이들은 나무 막대기 휘두르는 것을 좋아합니다. "하지 마." " 위험해!" "조심해!"라고 말하는 대신 그 나뭇가지의 양쪽 끝에 테이프를 감아서 잘 보이게 해 주세요. 그러면 아이들은 스스로 조심하며 즐거운 놀이를 만듭니다. 아이들이 직접 꾸밀 수 있게 테이프를 많이 준비하면 좋습니다.

✱ 예술 활동으로 연결해 주세요 ✱

1 나뭇가지와 실이 만나면 어떻게 변신할까요? 나뭇가지와 천이 만나면, 나뭇가지와 옷이 만나면, 나뭇가지와 신발이 만나면 어떤 새로운 것이 만들어질까요?

2 나무 무늬를 옮겨요. 종이 한 장과 크레파스 한 자루를 가지고 나무에게 갑니다. 나무껍질에 종이를 대고 크레파스로 쓱쓱 문지르면, 나무껍질 무늬가 종이에 옮겨집니다. 종이에 드러난 나무껍질 무늬에서 숨은 그림을 찾아보는 것도 재미있습니다. 아이들이 찾은 무늬를 오려서 모자이크를 만들면 커다란 작품이 됩니다. 지점토를 이용하여 나무껍질 무늬를 찍어 봐도 좋습니다.

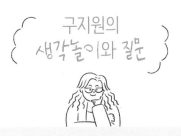

구지원의 생각놀이와 질문

나무야, 너처럼 되려면 무엇이 필요해?

나무야, 네가 키운 이파리들은 다 어디로 보냈니?

나무야, 너도 친구랑 싸우니?

나무야, 서서 자면 다리 안 아파?

나무야, 바람이랑 무슨 이야기 하니?

나무야, 땅속 어디까지 가 봤니?

나무야, 바다로 가서 무엇이 되었니?

나무야, 세모 네모 몸통은 왜 없어?

나무야, 너도 음악을 들을 줄 아니?

나무야, 너도 첫눈 오는 날을 기다려?

나무야, 딱따구리는 반가운 손님이야? 얄미운 손님이야?

나무야, 200년 전에 이곳은 무엇이었니?

나무야, 숲에 모여 사는 게 좋아? 들판에 홀로 서 있는 게 좋아?

나무야, 처음 땅 위로 올라왔을 때 무엇을 보았니?

뿌리야, 나무 꼭대기의 소식을 너도 듣고 있니?

겨울나무야, 너는 잠만 자니?

돌 쌓는 아이

고무신이 던지는 놀이 이야기

돌은 어디에서 왔을까?

아이들이 강가에서 돌을 만나면 물속으로 퐁당퐁당 던집니다. 처음에는 손에 잡히는 대로 던지지만, 시간이 지나면서 아이들은 마음에 드는 돌을 찾기 시작합니다. 큰 돌을 찾아 던져 큰 물결을 만들고 납작한 돌을 찾아 물수제비를 뜹니다. 강물은 아이들이 던지는 돌을 잘 받아 주고 물결로 답을 합니다. 아이들은 한참 동안 돌을 가지고 놉니다.

돌은 모래보다는 크고 바위보다는 작습니다. 단단하고 모양도 제각각입니다. 같은 곳에서도 서로 다른 크기와 색을 가진 돌을 만날 수 있습니다. 깊은 산에서 구르고 굴러 아래로 내려오면서 부서지고 깎이며 저마다 다른 모양이 되었습니다. 우리 주변에는 수많은 돌이 있습니다. 비슷한 것 같지만 모두 다릅니다. 아이들이 돌을 만나면 돌과 금방 친구가 됩니다.

국립중앙박물관 너른 마당 옆에 돌탑과 비석을 보호하는 돌밭이 있습니다. 작고 까만 돌들이 빼곡하게 깔려 있습니다. 돌 위를 걸으면 자박자박 소리가 나를 따라

옵니다. 총총 걸으면 빨리 따라오고, 어슬렁어슬렁 걸으면 천천히 따라옵니다. 돌 위를 소리 내지 않고 걸을 수 있을까요? 어떻게 하면 될까요? 아이들이 돌을 밟고 돌 소리를 들으며 돌이 간직하고 있는 시간을 만나러 갑니다.

돌은 사람들이 오랫동안 사용하던 중요한 도구였습니다. 돌을 던져 동물을 잡아 식량을 얻었습니다. 돌로 단단한 열매 껍데기를 부수기도 했습니다. 날카로운 돌로는 음식물을 자르거나 짐승의 가죽을 벗기기도 했지요. 돌은 물에 잘 가라앉기 때문에 그물의 추로 사용했습니다. 돌을 쌓아 담을 만들고 이곳과 저곳을 구분 지었습니다. 박물관 진열장에는 도토리를 가는 데 쓰인 것으로 보이는 갈돌과 갈판돌이 숨죽여 있습니다.

한여름 뜨거운 돌과 한겨울 차가운 돌을, 맨질맨질한 돌과 울퉁불퉁한 돌을 온몸으로 느낄 수 있게 도와주세요. 아이들이 돌과 놀면 돌의 기운을 배웁니다. 아이들이 자기만의 색과 모양과 단단함을 가지길 바랍니다.

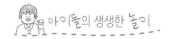

1 돌을 쌓으며 놀아요

놀이 1 | 돌담

돌은 생긴 게 다 다릅니다. 돌로 담장을 쌓고, 축대를 쌓고, 집도 짓습니다. 특히, 제주도에는 밭담을 쌓는 전문가가 있어요. 제주도 말로 '돌챙이'라고 합니다. 돌을 이리저리 맞춰 쌓은 밭담은 바람이 불어도 쉽게 무너지지 않습니다. 저마다 모양이 다른 돌이 모여 사이좋게 어우러집니다. 작은 돌은 작은 돌대로, 모난 돌은 모난 돌

대로 쓸모가 있습니다.[놀이 1]

아이들 앞에 큰 돌, 작은 돌, 밋밋한 돌, 둥글넓적한 돌, 뾰족한 돌 등 크기와 모양이 다른 돌이 있습니다. 아이들은 한 줄로 돌을 쌓아 올립니다. 돌로 탑 쌓기를 합니다. 아래에는 넓고 평평한 돌을, 위로 갈수록 작은 돌을 쌓습니다. 돌은 모양이 다 다르기 때문에 쌓기가 쉽지 않습니다.

수환이가 손가락을 바들바들 떨며 삼각형 모양의 돌을 여섯 번째로 올려놓았습니다. 휴하고 숨을 몰아쉽니다. 대현이 차례가 되었습니다. 대현이 돌은 수환이가 쌓은 돌보다 조금 더 크고 평평합니다. 수환이 돌과 자기 돌을 열심히 관찰합니다. 대현이 돌에 움푹 파인 부분이 있습니다. 수환이가 쌓은 돌 꼭대기와 대현이 돌의 움푹 파인 부분이 만났습니다. 다행히 일곱 번째 쌓기를 성공했습니다. 우영이의 둥근 돌이 올라가려는 순간 돌탑이 와르르 무너졌습니다. 아쉬운 탄성이 쏟아졌지만, 아이들은 금방 괜찮아집니다. 처음부터 다시 쌓습니다. 몇 번이나 실패하고 나서 10층 탑이 완성되었습니다. 탑 쌓기에 성공한 아이들의 어깨에 힘이 잔뜩 들어가 있습니다. 아이들은 공든 탑을 그대로 두고 집으로 향합니다. 보랏빛으로 물든 노을이 10층 돌탑을 비춥니다.[놀이 2]

놀이 2 | 돌탑 쌓기

준비물 넓적하고 네모난 돌

만드는 법 1 제일 큰 돌을 맨 아래에 놓는다.
2 위로 갈수록 작은 돌로 한 층씩 탑을 쌓아 올린다.
3 돌탑이 높아질수록 돌의 모양을 자세히 관찰한다.

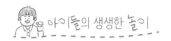

2 돌을 던지고 놀아요

아이들이 발밑에 돌을 잔뜩 모았습니다. 누가 멀리 던지나 겨루기를 합니다. 돌 던지기는 앞이 탁 트여 있고 장애물이 없는 곳이 좋습니다. 성필이 돌이 슝하고 날아갑니다. 승민이 돌이 조금 더 멀리 갑니다. 앞서거니 뒤서거니, 서로서로 조금 더 멀리 돌을 던집니다. 뒤늦게 합류한 윤재가 큰 돌을 세워 놓고 맞히기를 하자고 합니다. 멀리 던지기 놀이보다 맞히기 놀이가 힘들지만 더 재미있습니다.

지윤이와 세민이는 작은 돌을 모아 놓고 '많은 공기'를 합니다. 누가 더 많이 따 오는지 겨루는 놀이입니다. 위로 돌을 하나 던집니다. 던진 돌이 떨어지는 사이 바닥에 있는 돌을 하나 잡고 떨어지는 돌을 받는 놀이입니다. 바닥에 있는 돌 여러 개를

놀이 3 | 공기놀이하기

놀이 4 | **돌치기**
준비물 세울 수 있는 넓적한 돌(나무토막도 가능)
만드는 법 1 일정한 거리를 두고 반대편에 돌을 세운다.
2 선에 서서 반대편에 있는 돌을 쓰러트린다.
3 누가 누가 많이 맞히는지 겨뤄 본다.

한꺼번에 잡아도 됩니다. 그러나 다른 돌을 건드리면 안 됩니다. 바닥에 있던 돌이 다 사라지고 나면 누가 더 많이 가져왔는지 헤아립니다. 많이 가진 쪽이 승리입니다. 옆에 있던 가람이는 돌멩이 다섯 개로 공기를 하고 있습니다. 놀이 3

아이들이 더 많이 모이면 넓적하고 네모난 돌을 구해 와서 비석치기를 합니다. 일정한 거리에서 돌을 던지거나 온몸을 이용해서 상대방의 비석을 쓰러뜨리는 놀이입니다. 내가 던진 비석이 날아가 상대방의 비석을 맞히면 '탁' 소리와 함께 비석이 쓰러집니다. '탁' 소리가 나는 순간 정신이 맑아집니다. 돌과 돌이 부딪히는 소리가 공기를 두드리고 심장을 두드립니다. 마음이 '탁' 풀립니다. 놀이 4

참고해요

돌치기는 '비석치기', '비사치기', '망까기'라고도 해요. 돌을 잘 다루게 되면 아래 그림처럼 재미있는 동작으로 돌을 맞히는 놀이도 해 보아요.

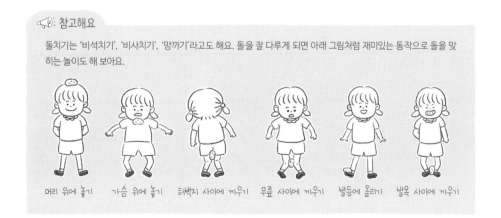

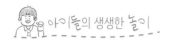

3 돌이 숨겨 놓은 것을 찾아요

주왕산 꽃돌, 백령도 콩돌, 울릉도 물 위에 뜨는 돌, 제주도 구멍 난 돌 등 돌의 종류가 참 많습니다. 돌은 여러 가지를 품고 있습니다. 보석을 품고 있기도 하고, 무늬를 품고 있기도 하고, 생활에 필요한 에너지를 품고 있기도 합니다. 또 이야기도 숨기고 있지요. 사람들은 돌에서 귀중한 광물을 채취합니다. 돌이 품고 있는 것을 꺼내는 것은 여간 힘든 일이 아닙니다. 부수고 갈고 녹이고 걸러야 가능합니다. 그리고 상상력도 필요합니다.

놀이 5 | 돌에 숨어 있는 이야기 찾기

아이들이 강가를 걷다가 반짝이는 돌을 만났습니다. 돌에 금색 줄이 그어져 있습니다. 검은 바탕에 하얀 보름달이 그려져 있는 돌도 발견했습니다. 또 전혀 다른 색을 가진 두 개의 돌이 하나로 합쳐진 돌도 발견했습니다.

"이런 돌은 어떻게 만들어졌을까?"

흙이 단단하게 굳어서 돌이 됩니다. 용암이 식어서 된 바위가 바람과 물의 움직임으로 부서져 돌이 되기도 하지요. 돌은 만들어질 때 여러 가지 물질과 만납니다. 이때, 돌은 자기 안에 이야기를 숨깁니다. [놀이5]

아이들이 강가에서 사물을 닮은 돌이나 그림이 그려진 돌을 찾습니다. 특별한 색을 지닌 돌도 찾아봅니다. 은수가 커피콩 모양의 돌을 찾았습니다.

"이거 나 줘도 돼?"

은수는 서슴없이 돌을 건네줍니다. 잘 볶은 커피콩과 똑같습니다. 커피콩보다 100배쯤 더 큽니다. 고무신은 커피 전문가에게 커피콩 돌을 전해 주었습니다. 그는 커피콩 돌을 좋아했고, 예쁜 액자에 넣어 커피 가게에 걸었습니다. 긴긴 여행을 한 돌이 꼭 만나야 하는 사람을 찾았습니다.

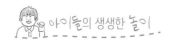

4 돌에 마음을 담아요

놀이 6 | 몽돌 탐색하기

아이들이 까맣게 반짝이는 몽돌 해변을 걷습니다. 돌이 오랫동안 굴러다녀 귀퉁이가 다 닳아 동글동글해진 돌을 '몽돌'이라고 합니다. 몽돌은 파도가 왔다가 갈 때마다 자그락자그락 차르르 소리를 냅니다. 파도 따라 바다로 굴러가는 몽돌이 서로 부딪히며 노래를 합니다. 재잘재잘 떠들며 정답게 모여 있는 몽돌. 큰 파도가 치면 큰 소리를 내며 굴러가고, 작은 파도가 치면 작은 소리를 내며 굴러갑니다. 라온이와 가온이는 몽돌이 굴러가는 소리를 더 크게 듣고 싶어졌습니다. 바닥에 엎드려 몽돌에 귀를 댑니다.

"앗, 뜨거워."

햇빛에 달궈진 몽돌이 뜨겁습니다. 둘은 얼른 귀를 뗐습니다. 놀이 6

가온이가 까만 돌 사이에서 황색 돌 하나를 발견했습니다. 손에 꼭 쥐고 있으니 마음까지 따뜻해집니다. 동생 라온이에게 돌을 내밀었습니다. 놀이 7

"라온아, 선물이야. 바닷소리랑 누나 마음을 담았어. 이제 누나 말 좀 잘

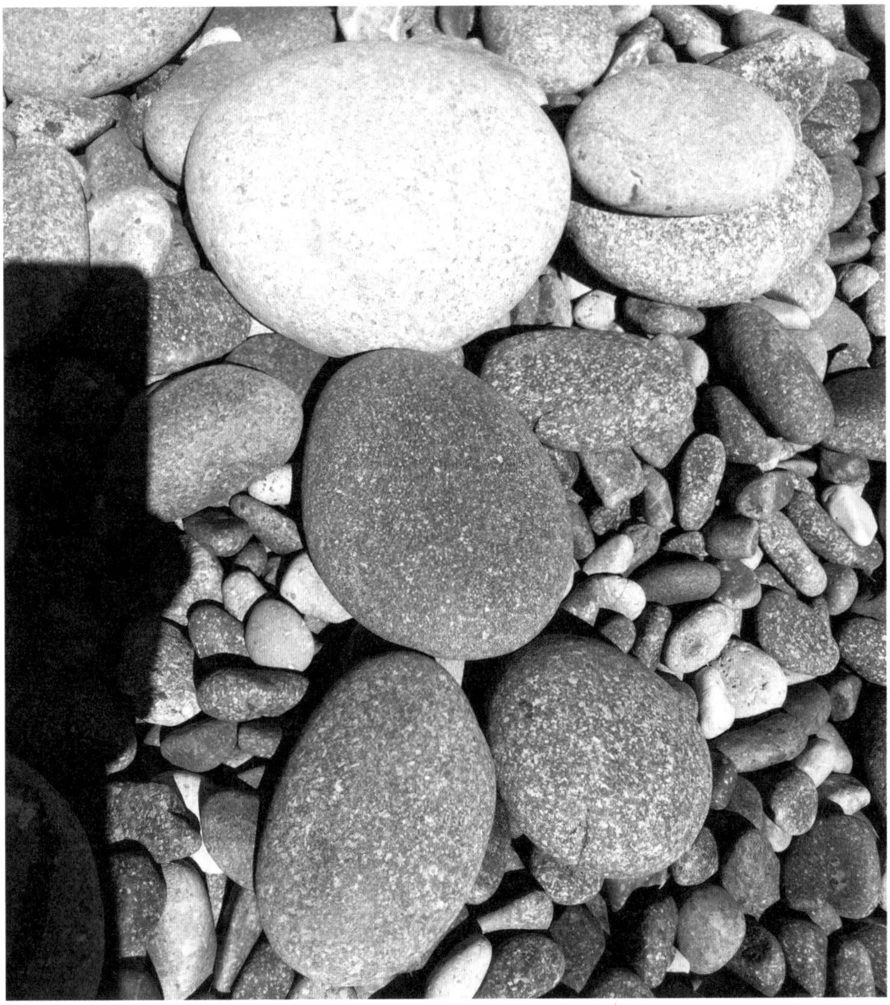

놀이 7 | 돌 선물하기

들어."

"안 받고 말 안 들어도 되지?"

"안 돼."

가온이는 라온이 손에 돌을 쥐여 주고 저만치 앞서갑니다. 라온이는 주위를 두리번거립니다. 까만 돌만 있습니다. 더 예쁜 황색 돌을 찾으면 누나가 주운 돌을 돌려주려고 했는데, 마음에 드는 돌이 보이지 않습니다. 라온이 손에 있는 돌은 아직 따뜻합니다. 돌을 한 번 보고 누나를 한 번 봅니다. 돌을 전해 준다는 것은 돌이 품고 있는 이야기를 전해 주는 것입니다. 이 돌에는 전하는 사람의 마음이 오롯이 담깁니다.

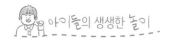

5 돌로 모양을 만들며 놀아요

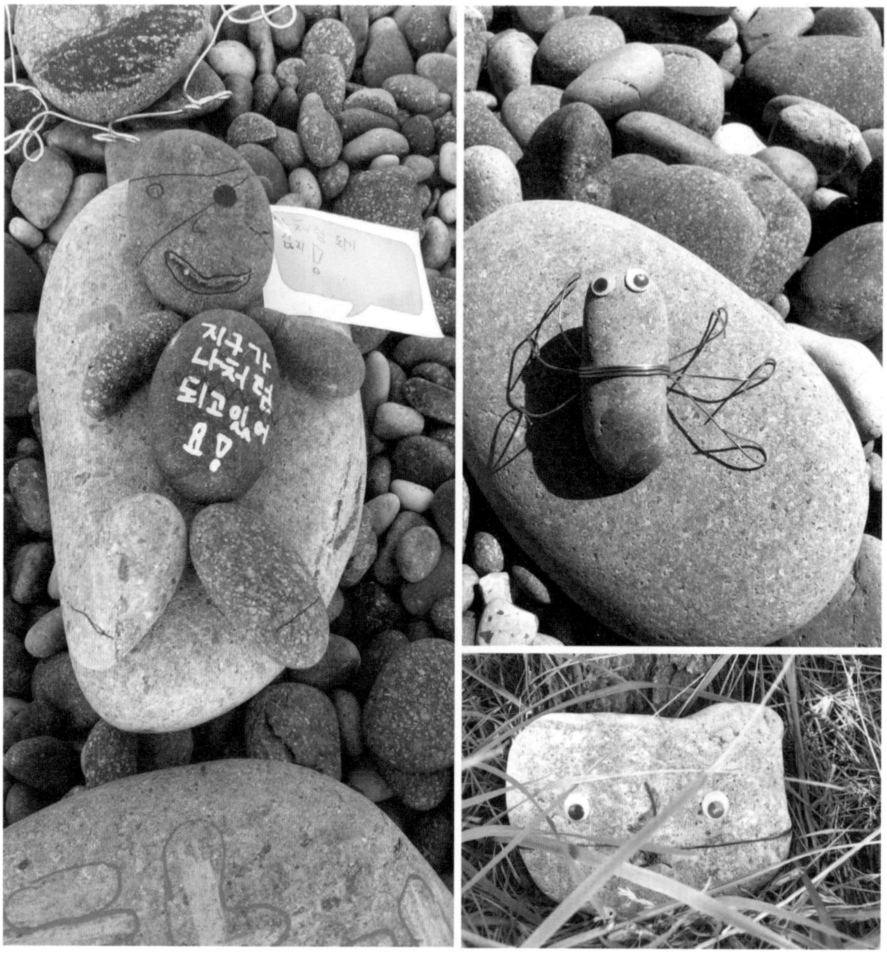

놀이 8 | 돌로 다양한 모양 만들기

아이들이 여러 개의 돌로 다양한 모양을 만듭니다. 무엇을 만들지 생각하고 돌을 고르는 아이가 있고, 일단 돌부터 고르는 아이가 있습니다. 준서는 배와 돛을 만들고, 아인이는 꽃게를 만들고, 규리는 나무 위에 올라간 고양이를 만들었습니다. 아인이가 돌 몇 개를 움직이니 꽃게가 옆으로 기어갑니다. 준서도 자기가 만든 배를 가만히 들여다보더니, 돌 몇 개를 움직입니다. 돛이 바람에 펄럭이는 것을 보여 줍니다. 지켜보던 아이들이 모두 신기해합니다. 놀이8

"지금 모양을 전혀 다른 것으로 바꿔 보자."

아이들이 자기가 만든 모양을 뚫어지게 바라봅니다. 규리는 고양이 수염이었던 돌을 떼어 내고 코 위에 둥근 선을 놓았습니다. 고양이가 곰으로 바뀌었습니다. 준서는 돛을 떼어 내고 둥근 지붕과 날개를 만들었습니다. 비행기가 되었습니다. 돌 모양이 아이들 손에서 자유자재로 변신합니다. 놀이9

놀이 9 | **돌 꾸미기**

준비물 다양한 돌, 꾸미기 도구(분필, 풀, 종이, 끈 등)

만드는 법 1 마음에 드는 돌을 고른다.
2 꾸미기 활동을 할 수 있는 도구를 활용해 마음껏 꾸민다.
3 장식한 돌로 나만의 이야기를 만든다.

선생님이 도와주세요

✱ 돌 만나러 어디로 갈까요? ✱

가로수 아래에, 강가에, 바닷가에, 산에, 계곡에 그리고 체육공원 지압 길에도 돌이 있습니다. 마음만 먹으면 돌은 언제 어디서나 만날 수 있어요. 까칠까칠한 돌, 반질반질한 돌, 길쭉한 돌, 둥근 돌, 세모난 돌, 검은 돌, 붉은 돌, 흰 돌 등 모양과 색깔도 가지각색입니다. 돌을 만나러 갈 때는 긴 바지를 입고 바닥이 튼튼한 신발을 신고 가는 것이 좋습니다.

✱ 돌을 더 잘 보기 위해서 무엇이 필요할까요? ✱

돌은 숨겨 놓은 것이 많습니다. 돌의 무늬를 자세히 보기 위해서는 물병이나 물티슈를 가져가는 것이 좋습니다. 돌이 물을 만나면 무늬를 더 잘 보여 주거든요. 물이 마르면 그 무늬가 사라지기도 합니다. 작은 것을 크게 보여 주는 돋보기나 루페를 가지고 가세요. 돌 사이사이에 숨어 있는 비밀을 발견할 수 있어요.

✱ 예술 활동으로 연결해 주세요 ✱

1 선생님이 손에 돌을 숨깁니다. 손 모양을 보고 돌이 무슨 모양을 닮았는지 알아맞히기 놀이를 합니다. 돌을 보지 않고도 아이들은 상상합니다. 돌을 꺼내 보여 줬을 때, 아이들은 더 기발해집니다. 같은 돌도 보는 방향과 생각에 따라 다 달라집니다. 아이들은 하나의 돌을 다양하게 바라봅니다.

2 돌, 은박지, 털실, 종이 상자 등 다양한 재료들을 모아 둡니다. 아이들이 자유롭게 연결하여 작품을 만들고 이야기를 짓습니다. 돌이 감이 되어 주렁주렁 매달리기도 하고, 구멍 난 상자에서 돌 두더지가 튀어나오기도 합니다.

3 돌에 있는 무늬나 돌 모양을 큰 종이에 옮겨서 그립니다. 옮겨진 그림에 선을 추가하여 새로운 그림을 그립니다.

4 크고 넓은 돌에 그림을 그립니다. 돌의 모양을 보고 그려도 좋고 자유롭게 그려도 좋습니다. 거칠거칠한 돌에 그리는 것과 스케치북에 그리는 것은 어떻게 다를까요? 돌의 크기나 그리는 재료에 따라 아이들의 상상은 달라집니다.

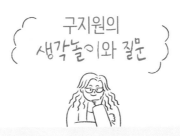

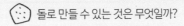

구지원의 생각놀이와 질문

돌로 만들 수 있는 것은 무엇일까?

돌도 숨을 쉴까? 돌은 숨을 얼마나 오랫동안 참을 수 있을까?

점점 커지는 돌이 있을까? 마법의 돌은 어디에 있을까?

돌은 고집이 셀까? 돌에도 꽃이 필까? 돌도 심장이 뛸까?

돌이 물과 바람과 시간을 만나면 어떻게 변할까?

사람들은 중요한 것을 왜 돌에 새겼을까?

돌은 지는 해를 보면서 무슨 생각을 할까?

돌보다 단단한 것은 무엇이 있을까?

돌은 시간을 어떻게 숨겨 놓았을까?

돌에게 어떻게 말을 걸지?

조각가 미켈란젤로는 돌에서 무엇을 보았을까?

빛을 내는 돌은 어떻게 만들어질까?

돌은 겉과 속이 같을까?

추천사

흙, 물, 불, 바람이 어울려야 비로소 생명을 이룹니다. 이 책『자연에서 노는 아이』도 그렇습니다. 언제나 스스로 그러한 自然 안에서 생명의 근원으로 다가가게 하는 반가운 놀이책입니다. 책을 보는 것만으로도 우리 어른들에게 어린 시절 놀았던 귀한 기억을 소환해 줍니다. 아이들 놀이를 구경만 하던 어른들에게 내가 먼저 뛰어들어 놀아 보고 싶게 합니다. 아이들에게는 나와 다르지 않은 그런 어른들을 바라보며 세상을 향해 무장 해제하는 힘이 생깁니다. 자연놀이는 내 몸에 어느새 스며들어 평생을 사는 활력 장치를 장착하게 해 주니까요.

– **김경숙**(학교도서관문화운동네트워크 상임대표)

아이들과 온몸으로 놀 줄 아는 어른, 놀이를 잃어버린 아이들에게 놀이 길을 열어 주는 나이 든 사람, 놀이가 숨어 있는 다른 나라 놀이까지 구석구석 찾아다니며 놀이의 세계를 연구하고 놀아 보는 아저씨, 놀이를 살아나게 하기 위해 방방곡곡 찾아다니며 놀이하는 분. 이 분이 바로 고무신입니다.
고무신이 만든 놀이책 속으로 풍덩합시다.

– **유홍영**(극단사다리 대표)

갑자기 운석 덩어리 같은 것을 하나 주웠는데, 이것을 뭐라 해야 하나. 바람이고 흙이고 물, 불, 나무, 돌인 것이 한자리에 깃든 낯설고 신비한 물건. 머리칼이 희도록 놀아 본 사람의 깨달음을 담았고, 놀이에 푹 젖어 버린 몸의 리듬을 담은 것. 철학책? 시집? 내 앞날에 길잡이가 하나 생겼다.
남은 교사 생활 동안 늘 곁에 두고 들여다봐야지.
'…처음 하늘에 연을 올리기 위해서는 직접 달려서 바람을 만들어야 합니다. 그래야 작은 바람이 큰 바람을….'
아, 들썩거린다.

– **탁동철**(교사)

이 책은 자연에서 느꼈던 모든 것을 아이와 함께 하는 놀이로 다시 발견할 수 있게 하는 번쩍임과 반짝임을 선사한다. 자녀를 키우는 부모님이나, 초심을 다잡는 선생님이나, 아이들과 세상을 제대로 만나고픈 모든 이에게 말이다.

– **신수지**(6세 정윤엄마이자 놀이축제 총감독이며 문화기획자)

하늘을 보면서도, 나무를 만날 때도, 강물을 가르면서도 아이들과 놀 궁리만 하는 고무신이 좋습니다.

– **김란경**(어린이집 보육교사)

글쓴이 고무신

고무신학교 대표이자 아이들과 노는 것을 일로 하고 있는 놀이노동자이다. 흙처럼 물처럼 바람처럼 자연에서 자연으로 자연스럽게 노는 아이들의 알록달록함을 배운다.
잊고 지내던 어릴 적 이야기들이 모락모락 피어나, 그 바람에 떨어진 나뭇가지 하나 주워 아이에게 건네주는 어른들이 많아지길 바라면서 유아문화예술교육,
꿈다락 토요문화학교, 지역아동센터 문화예술교육, 누리과정 놀이 연수 현장에 작은 힘을 보태고 있다.
저서로는 『전래 어린이놀이의 분류와 활용프로그램 연구』, 『고무신학교 놀이논술』, 『문화예술교육 현장과 정책』, 『놀이보따리 놀궁리』가 있다.

글쓴이 구지원

아이들보다 더 엉뚱한 질문을 하고 싶은 어른이다. 연필로 글 쓰는 소리를 세상에서 제일 좋아한다.
아이들의 말에 감탄하고, 아이들의 글에서 기발함을 발견하며 그 길을 함께 가고 있다.
저서로는 『리옹, 예술이 흐르는 도시』, 『초등 글쓰기 수업비법』이 있다.

그린이 정다운

대학에서 회화와 시각디자인을 공부했다. 그림과 책이 좋아서, 그림을 그리고 책을 만들고 있다. 좋은 생각과 따뜻한 그림을 책에 담아 세상에 온기로 전하고 싶다.
『자연에서 노는 아이』는 일러스트레이터로서 그린 첫 책이다.

자연에서 노는 아이 | **아이들과 함께 놀고 싶은 어른들을 위한 놀이 교과서 1 -**
1판 1쇄 2020년 10월 19일 | 글쓴이 고무신, 구지원 | 그린이 정다운 | 표지 사진 장근범 | 편집 박보람 백지원 | 아트디렉팅 이인영 | 디자인 최소진 림어소시에이션
찍은곳 동인AP 031. 943. 5401 | 펴낸이 김구경 | 펴낸곳 고래뱃속 | 출판등록 제2013-000100호 | 주소 서울특별시 마포구 망원로2길 24, 3층(망원동)
전화 02. 3141. 9901 | 전송 02. 3141. 9927 | 전자우편 goraein@goraein.com | 홈페이지 www.goraein.com | 페이스북 goraein | 유튜브 goraein
인스타그램 goraebaetsok | ISBN 979-11-90747-09-7 04370
 이 도서의 국립중앙도서관 출판예정도서목록(CIP)은 서지정보유통지원시스템 홈페이지(http://seoji.nl.go.kr)와 국가자료종합목록
구축시스템(http://kolis-net.nl.go.kr)에서 이용하실 수 있습니다. (CIP제어번호 : CIP2020042223)
